나와 공동체를 세우는

수업나눔

나와 공동체를 세우는 수업나눔

2018년 8월 7일 1판 1쇄
2024년 5월 1일 1판 5쇄

지은이 • 김효수 김은남 김선경 박윤환 손현탁
펴낸이 • 한성준 현승호
편   집 • 윤혜란
펴낸곳 • 좋은교사운동 출판부

등록 • 제 2000-34호
주소 • 서울특별시 관악구 남부순환로218길 36, 4층
전화 • 02-876-4078
팩스 • 02-879-2496
홈페이지 • www.goodteacher.org
이 메 일 • admin@goodteacher.org
디 자 인 • 디자인집 02-521-1474

새로운 수업협의회를 찾는
교사들을 위한 안내서

나와 공동체를 세우는

수업나눔

김효수

김은남

김선경

박윤환

손현탁

추천의 글

    초임 시절, 수업공개 일을 D-day로 잡고 한 달 동안 학급의 거의 모든 것을 컨트롤했다. 새하얗게 나를 불태워 녹초가 된 수업공개 그 다음 날에도 일상과 같은 수업은 계속되어야 했는데 그때부터의 수업은 바로 하루 전의 그 불꽃 쇼 같던 수업과는 감히 비교할 수 없었다. 요즘 학교 현장은 수업 혁신의 르네상스 시대라는 본서의 지적이 참으로 타당하다. 그런데 정말 바꿔야 하는 것은 바로 불꽃 쇼와 같은 하루살이 공개수업이 아니라 매일 교실에서 벌어지는 일상의 수업이다. 본서는 교사의 수업과 수업공개와 관련된 학교문화의 본질을 깊이 성찰하게 한다. 교사 혼자서는 자신의 수업을 바꿀 수 없기에 지금 바로 옆에 있는 동료교사와 수업공동체로 만나 이야기하라고 한다. 바라기는 대한민국의 거의 모든 학교가 본서에서 제안하는 수업나눔 중심의 수업협의회를 갖게 되었으면 한다. 진짜 수업혁신은 바로 그때부터 시작될 것이다.

- 김정태 (좋은교사운동 공동대표)

오랫동안 한국 학교에서는 수업이야기에 대한 침묵의 카르텔이 지배하고 있었다. 학교에서 수업이야기를 하면 이상한 교사이다. 이 책은 이런 고립적 교사문화를 넘어서 수업에 대한 고민과 지혜를 나누며 함께 성장할 수 있는 실천적 지혜를 풍부하게 담고 있다. 이 책을 정독하고 실천한다면 수업나눔 이야기로 풍성한 학교문화가 모두의 일상이 될 것이다. 이 책이 그런 미래를 열어가는 초석이 될 것으로 믿어 의심치 않는다.

- 이혁규 (청주교대 교수, 「수업비평의 시선」 저자)

그동안 학교교육에서 가장 소외되었던 영역은 아이러니하게도 '수업'이었다. 그 천덕꾸러기 대접받던 수업이 최근 어느새 교육의 핵심으로 주목받게 되면서, 적지 않은 교사들은 불편과 혼란에 빠졌다. 구태의연한 강의식 태도로는 버틸 수 없다는 부담은 앞으로 더욱 커질 것이다. 수많은 수업이론과 전략을 수업에 적용하라는 요구 앞에 교사들 누군가는 자기 수업을 나누며 교직사회를 따뜻한 수업공동체로 만드는 일에 선도자로 나서야 한다. 그 부담을 기꺼이 짊어지며 고민한 결과가 책으로 나와 반갑다. 현장 경험이 듬뿍 담긴 이 책의 경험과 지혜에 힘입어 또 다른 교사들이 그 다음 단계로 전진할 것이다. 그 마중물 역할을 기꺼이 자임하는 책이라 고마울 따름이다.

- 신을진 (수업과성장연구소 대표)

교육개혁과 더불어 수업혁신이 화두가 되고는 있지만 학교의 여러 환경은 교사가 수업에 집중하는 것을 여전히 방해하고 있다. 이렇게 살아가는 교사들에게 수업을 나누라는 메시지는 또 다른 업무처럼 부담으로 다가오기도 한다. 다행인 것은 학교 안팎의 상황이 녹록치 않음에도 불구하고 수업을 교사 삶의 중심에 두고 그 경험을 솔직하게 나누며 교사의 성장을 도모하는 이들이 여전히 우리 곁에 있다는 것이다. 이들은 수업을 나누는 것이 좋고, 해야 하는 것은 알겠는데 막상 하려면 무엇부터, 어떻게 해야 할지 어렵다는 고민을 토로한다. 반갑게도 좋은교사 수업코칭연구소 수업나눔 실천학교팀이 오랫동안 수업을 나누어 온 과정을 한 권의 책으로 펴냈다. 내게 그랬듯이 수업나눔을 실천하고자 하는 많은 이들에게 든든한 길잡이가 될 것이라 기대한다.

- 정성식 (실천교육교사모임 회장)

학교를 다시 학교답게 만들고, 나를 나답게 빚어가는 것. 이 두 가지를 함께 찾아가는 여정을 담은 책이 세상에 나와서 반갑다. 학교에서 수업친구 선생님들이 서로 만나서 수업고민을 나누고, 그 안에 머물면서 나를 찾아가는 수업나눔의 안내서는, 가지 않았던 길 위에서 서 있는 선생님들에게 내비게이션 역할을 해줄 것이다. 이 책의 저자들은 몇 년씩 학교현장을 방문해서 수업고민을 가지고 있었던 선생님들과 아픔을 나눴고, 현실의 문제점을 인식했으며, 그 대안을 고민하였다. 숙성된 와인의 맛과 향기가 깊듯이, 숙성된 고민이 행간에 펼쳐져 있고, 짙게 베어나 있다. 수업나눔의 길을 처음 찾아 나선 분들에게는 친절한 안내서가 될 것이고, 거듭된 실패의 경험이 있는 분들에게는 혜안을 열어주는 기쁨의 안내서가 될 것이다. 옆에 오래 두고 싶은 정다운 친구처럼 곁을 지키는 안내서로 이 한 권이면 충분하다.

- 이규철 (좋은교사 수업코칭연구소장, 「수업코칭」 저자)

수업은 교사의 삶이 고스란히 드러난다. 교사가 가지고 있는 꿈, 희망, 기대가 수업 속에 묻어나오고, 때로는 교사가 겪고 있는 슬픔, 아픔, 고통이 수업 속에 나타난다. 그런데 우리는 수업을 효율성, 탁월성의 관점에서 보고 있어서 수업자인 교사가 소외되고, 교사들은 늘 수업을 잘해야 한다는 강박에 시달리게 되었다. 수업자의 고민에 머물러주지 못하고 표준화된 틀로 교사의 수업 속 자존감을 떨어뜨리는 일을 종종 해왔다. 그러나 이 책에서 말하는 '수업나눔'은 수업 속에 있는 교사를 존재로 본다. 존재로 본다는 것은 수업 속에 있는 교사의 내면을 읽어주고, 그 교사의 고민에 같이 동참해 주는 것을, 다시 말해 수업하는 교사의 삶, 그 생각, 아픔에 집중하는 것을 말한다. 2012년 졸저 「교사, 수업에서 나를 만나다」라는 책으로 '수업나눔'이라는 말이 처음 만들어졌지만, 그 본뜻을 잘 이해하지 못하고, 여전히 탁월성과 효율성의 관점에서 수업컨설팅을 하면서 교사들을 힘들게 하는 경우를 많이 보았다. 부디 이 책을 통해, 수업나눔의 진짜 의미가 학교 속에 잘 스며들어서, 수업나눔을 통해 교사들이 서로를 다독거리고 수업 속에 있는 자신의 모습을 깊이 이해하고 격려하기를 진심으로 기대한다.

- 김태현(「교사, 수업에서 나를 만나다」, 「교사, 삶에서 나를 만나다」 저자)

수업협의회를 통해 따뜻한 지지와 격려, 도전을 경험한 교사는 얼마나 될까? 수업공개와 협의회를 통해 오히려 상처와 아픔을 경험한 교사들이 대부분일 것이다. 이 책은 안타까운 학교 현장 속에서 수업나눔을 통해 교사의 삶과 수업의 의미를 찾고자 치열하게 고민하며 달려온 수업코칭연구소 선생님들의 땀과 흔적이 담긴 결과물이다. 의미 있는 수업나눔을 어떻게 시작해야 할지 망설이는 교사, 수업의 고민과 아픔을 내려놓고 자신의 내면을 세우고 싶은 교사, 동료교사와 존재로 만나 수업을 통해 함께 성장하고 싶은 교사들로 하여금 이 책이 첫발을 내딛게 도울 디딤돌이 되길 기대한다.

- 이상민 (안산별망초등학교 교사)

우리는 왜 모이는가? 누가 강제한 것도 아닌데. 많은 에너지와 몰입이 필요한 이 일을 하려고 먼 거리를 마다하고 삼삼오오 모이는 우리. 교사이면서도 섣불리 말하기 어려워하는 '수업'을 감히 대화의 중심에 놓으려고 말이다. 날짜조정, 모임 안내, 수업영상 준비, 공문 발송, 다과 준비 등 많은 손을 거쳐야 하는 이 과정을 기꺼이 감수하면서 우리는 학교를 뒤로 하고 학교 밖 수업공동체로 모인다.

수업을 나누면서 점점 더 우리는 수업자의 삶 속으로 초대된다.

피상적 만남에서 더 깊이 수업자를 알게 된다. 반갑다. 거기엔 너도 있고 너인 듯 나도 있다. 우리가 있다. 수업으로 함께 머물렀을 뿐인데 돌아오는 발걸음이 가뿐하다.

이 책은 받자마자 한숨에 읽혔다. 내 이야기, 우리 이야기이다. 과정에 집중하느라 돌아보고 반추하는 시간에 많은 노력을 기울이지 못한 나와 우리를 대신해 활자화라는 고된 작업을 해준 다섯 분의 선생님들에게 고마움을 전한다. 이 책은 수업이 '업(業)'인 우리들이 걸어가는 그 길에 때로는 방향이, 때로는 힘이 되어 줄 것이다.

- 최원경 (홍천남산초등학교 수석교사)

저자의 글을 읽으면서 '교단에 선 교사라면 누구나 겪었을 수업 일생을 적은 글이구나.'라는 생각이 들었다. 교사로 발령을 받아 수업에 대해 고민하고 어려워했던 때부터 경력이 어느 정도 되었으나 여전히 수업에 자신이 없어 수업을 공개하기 어려워하는 대다수 교사들의 이야기이자 바로 나의 이야기이기도 하다. 나는 경력 30년이 넘는 시점에 수업코칭을 만나 묘한 매력에 빠져 3년째 수업코칭연구회 모임에 참여하고 있다. 그동안 수업나눔을 하면서 들었던 생각, 느낌, 과정, 경험을 한 권의 책으로 엮어놓은 것 같아 무언가 가닥이 잡히고 명쾌해진 느낌이다. 이 책을 통해 수업코칭이 교실에 더 깊숙이 들어와 교사 개인의 내면이 든든해지고, 나아가 교사공동체가 함께 성장해 나아가길 기대한다.

- 김정미 (공주교동초등학교 수석교사)

수업코칭 수업나눔에 처음으로 참석하였을 때 받았던 문화충격을 다시 떠올렸다. 교사로서 삶의 의미를 잃고 벗어나고 싶다는 생각으로 가득했던 나에게 다시 교사로 살 수 있는 회복탄력성을 갖게 해준 것은 격려와 지지를 받고 환하게 웃는 선생님들의 수업나눔이었다. 회복탄력성을 키워주는 키워드 '격려와 지지, 감사와 기여'가 수업코칭 안에 있었다. 내가 교사로서 살아갈 수 있는 의미를 찾도록 격려와 지지를 보내준 대전행수연 선생님들에게 감사하며 더 많은 선생님들이 수업나눔을 만날 수 있도록 기여하고 싶다.

- 전재영 (대전하기중학교 교사)

어떤 집단을 공동체라는 단어로 너무 흔하게 부르는 이 시대에 우리가 속한 학교는 공동체라고 부를 수 있을까? 교사들은 과연 공동체를 이루며 살아가고 있을까?

수업에서 여전히 교사들은 평가적인 시선과 개인적인 교직문화로 서로 고립되어 있다. 그래서 교사는 수업 속에서 여전히 홀로 외롭다. 학교와 교사들이 공동체를 이뤄가기 위해서 서로의 수업을 함께 열고 그 안에서 겪는 서로의 아픔과 힘겨움을 나누는 일은 꼭 필요하지만 적잖은 용기가 필요하다.

지난 몇 년 동안 서로 다른 학교에서 같은 고민을 갖고 함께 모여 수업을 나누고 내면 성찰중심 수업나눔을 연구하고 수업친구 만들기 운동을 꾸준히 실천해 왔던 선생님들은 공동체 안에서 함께 성장을 이루는 것을 몸소 경험해 왔다. 그리고 이 소중한 경험을 바탕으로 '나와 공동체를 세우는 수업나눔'이라는 책을 발간하게 되었다.

이 책은 단절되고 고독하게 서 있는 선생님들을 수업공동체의 여정으로 초대한다. 이 여정을 동료 선생님들과 찬찬히 밟아 나갈 때 학교는 우리가 사랑하는 공동체로 세워져 가리라 기대한다.

- 고경진 (광주문화초등학교 교사)

나는 수업이 나의 삶과 연결되기를, 학생들 또한 수업을 통해 자신의 삶을 들여다볼 수 있기를 오랫동안 소망해 왔다. 그러나 수업을 평가하고 비판하며 판단하는 시선의 무게로 인해 수업을 포장하고 다른 사람들이 가진 것으로 꾸미기도 하면서 점점 수업 속에서 나 자신을 잃어 버리기도 했다. 내면성찰을 통한 수업나눔을 통해 수업 속에서 낯설게 만난 자신을 알아차리고 학생들과 함께 성장할 수 있는 길을 찾을 수 있었다. 이 책은 함께 고민하는 지점에 머물렀던 교사들이 자신과 동료교사의 내면을 돌보고 성찰한 여정을 날 것 그대로 나누어 더욱 의미 있게 여겨진다. 현장에서 수업문화를 통해 학교공동체의 문화를 바꿀 수 있는 구체적인 대안으로 이 책을 적극 추천하고 싶다.

- 박소형 (부산진초등학교 교사)

모든 수업혁신의 마지막 고지는 '수업나눔'이라고 생각한다. 아직까지 정복되지 못한 수업혁신의 영역이 아닌가 싶다! 수업혁신을 말할 때 우리는, '어떻게 수업할(do) 것인가?'에만 초점을 맞춰왔다.

하지만 이제 제대로 수업혁신을 하고 싶다면, '어떻게 수업을 나눌 (share)것인가?'에 초점을 맞춰야 한다. 또한 우리는 수업을 나눌 때조차 '어떻게(how) 수업하였나?'에만 관심을 두었었다. 하지만 이제는 '수업을 한 그 교사는 누구(who)인가?'에 관심을 두어야만 한다.

왜 그럴까? 그 이유를 알고 싶다면 이제 이 책을 읽으라! 그 새로운 관점과 새로운 길에 이 책이 친절한 안내서가 되어줄 것이다!

- 현승호 (교육전문 팟캐스트 '샘샘샘' 의 이상한 샘)

언제쯤 나는 수업변화의 주체로 당당하게 설 수 있을까? 언제쯤 수업공동체에서 함께 수업을 보고 맘껏 수업이야기를 할 수 있을까?

이런 고민 속에 수업코칭연구소를 만났고 학교 안과 밖에서 충분하진 않지만 수업이야기를 하고 있다. 그래서 이 책이 반갑다.

나와 같은 고민을 하는 많은 교사와 공동체를 통해 성찰적 실천가로 성장하고자 교사들과 소소한 일상의 수업을 나누고 어려움을 극복하고자 하는 교사들에게 길잡이 역할을 해 줄 것이기 때문이다. 이를 통해 교사도 공동체도 함께 성장하는 희망을 품어본다.

- 소희숙 (수원곡반초등학교 수석교사)

매년 어느 학교에서나 하는 수업공개, 수업을 공개하고 수업나눔을 하며 교사를 성장하게 하는 움직임이 많이 일어나고 있다. 한 교사의 성장은 개인적 노력과 함께 공동체의 지지와 격려 속에서 더 크게 일어난다고 믿는다. 그래서 필요한 것이 학교공동체 안에서 수업으로 서로 대화를 나누는 문화생태계를 만드는 것이다. 이것을 단위학교 수업나눔으로 고민하며 접근한 '교사연구실천가'들의 발걸음이 이 책에 담겨있다. 너무 잘 알고 있다고 생각하기에 놓치기 쉬운 수업나눔, 그 온전한 흔적 하나하나를 만날 수 있는 책이다. 이 책을 통해 수업을 공개한 선생님 개인과 학교공동체가 함께 성장하는 기쁨을 맛볼 수 있는 길잡이가 되어 주리라 확신한다.

- 김경희 (화성예당중학교 수석교사)

프롤로그

모든 학교가 따뜻한
수업공동체로 세워지길 소망하며

꼭 1년 반이 지났다. 2017년 2월 어느 날, 좋은교사 수업코칭연구소 '수업나눔 실천학교팀'은 <좋은교사 X 프로젝트>에서 2016년 한 해 동안 '수업나눔 실천학교' 8개교를 선정해 진행한 프로젝트 사례를 정리해서 발표했는데 그날 뒤풀이 장소에서 이 소중한 경험들을 더 깊고 의미 있게 책으로 풀어보자는 대화를 나눴다. 우리가 수업나눔을 통해 받은 위로와 성장의 과정이 누군가에게 힘이 되기를 바라며…… 이 책은 그렇게 시작되었다.

우리 연구소는 2012년부터 지금까지 수업코칭을 기반으로 수업자의 성찰을 돕는 새로운 수업협의회를 개발하여 실천해오고 있다. 이를 우리는 '수업나눔'이라 명명하며 공개수업에 대해 평가와 지적이 위주였던 기존의 수업협의회와 다른 성찰중심 수업나눔을 시도하였다. 그 결과 교사의 내면을 세우고 따뜻한 수업공동체가 만들어지는 새로운 경험을 할 수 있었고 이를 통해 전국의 8개 지역에서 200여 명의 '수업코칭활동가'와 같이 학교 밖 수업공동체를 세우게 되었다. 단위학교 내에서도 이러한 성찰중심 수업나눔을 경험하고 싶었지만, 당시에는 그런 문화가 미약했다. 그래서 수업나눔 운동을 학교 밖뿐만 아니라 학교 안에서도 펼쳐야겠다는 마음으로 여러 학교와 교육청을 돌아다니기 시작했다. 필자는 2014, 15년 휴직을 하면서 수업코칭연구소 상근자로 전국을 다니며 100회 이상의 수업나눔을 안내한 경험을 했다. 그때 나는 확실히 깨닫게 되었다. 많은 선생님들이 수업에 대한 이야기로 너무나 목말라 하고 있고 수업나눔을 통해 그 갈증이 미약하게나마 해소되고 있다는 사실을 말이다. 그리고 그런 과정을 통해 학교가 조금씩 공동체로 세워져가는 것을 느낄수 있었다. 물론 매번 그랬던 것은 아니다. 수업나눔 문화는 단회적인 연수나 몇 번의 수업나눔만으로 완성되는 것은 아니다. 이 또한 수많은 경험을 통한 깨달음이었다. 그래서 2016년부터는 수업나눔 실천 학교를 선정해서 여러 번의 연수와 수업나눔을 기획하여 돕는 역할을 시작하게 되었다.

최근 '교사학습공동체', '전문적학습공동체', '수업탐구공동체' 등 다양한 이름으로 교사들이 함께 모여 서로 배우고 성장하는 모임이 확산되고 있다. 모임의 성격과 형식은 다양하지만 수업혁신이 주요 관심사로 떠오르면서 '수업나눔'이 널리 보편화되고 있는 상황이다. 하지만 정작 수업나눔에 대한 체계적인 안내서를 찾아보기 힘들었고, 우리는 그에 대한 문제의식을 갖고 이 책의 필요성을 더욱 확신하게 되었다.

이 책에서 소개하는 '성찰중심 수업나눔'은 하나의 대안으로 교사인 '나'와 학교를 따뜻한 '공동체'로 세우는 길잡이가 될 수 있음을 자신 있게 말할 수 있다. 이 책은 현직 교사들과 교사를 꿈꾸는 모든 학생들에게 적극 권하고 싶다. 그 중에서 특히 수업나눔을 실질적으로 실천하고 싶은 교사학습공동체 리더와 선생님들, 정례적으로 하는 공개수업 후 협의회 형태를 바꾸고 싶은 관리자와 연구혁신부장 선생님들, 아이들과 행복한 수업을 꿈꾸면서 오늘도 하루하루 수업 속에 버티며 따뜻한 위로와 성장을 꿈꾸는 선생님들에게 괜찮은 안내서가 되리라 믿는다.

이 책을 내기까지 감사한 분들이 너무 많다. 먼저, 수업나눔 실천학교(양평고, 선사고, 산본고, 판교중, 익산부송중, 금성여중, 광주봉선초, 신용중)와 우리 저자들과 단위학교에서 수업나눔을 함께한 선생님들께 감사의 말을 전하고 싶다. 그 분들의 소중한 피드백과 경험적인 바탕이 없었다면 이 책은 기획하는 단계에도 이르지 못했을 것이다.

저자들이 썼지만 사실 이 책은 수업코칭연구소가 공동으로 작업한 결과물이다. 1년 이상의 긴 '수업코칭 활동가' 과정을 함께 하며 지역에 수업코칭연구회를 만들어 지속적으로 수업나눔을 해 온 실천적 결과물 덕분이었기에 연구소의 모든 선생님께 감사를 전하고 싶다.

그리고 부족한 책에 기꺼이 추천사를 주신 김정태 대표님, 이혁규 교수님, 신을진 대표님, 정성식 회장님, 이규철 소장님, 김태현 부소장님 등 여러 선생님께 감사드린다. 또한, 어려운 출판 환경에도 이 책을 출판하기로 결정하고 적극적인 지원을 아끼지 않은 (사)좋은교사운동 김정태, 김영식 대표님과 박은주 출판간사님, 편집과정으로 글을 깔끔하게 다듬어주신 윤혜란 선생님, 보기 좋은 디자인으로 수고해 주신 나동훈 팀장님 이하 디자인집 팀에게 감사드린다.

무엇보다 우리 5명의 저자공동체 선생님들에게 뜨거운 감사를 전하고 싶다. 우리에게는 그동안 경험해 온 학교 현장에 대한 안타까움과 순수한 열정이 가장 큰 동기부여였다. 각자 분주한 상황에서도 서로의 집필 과정을 체크하며 서로에게 힘이 되어주고 서로를 응원해 주었기 때문에 이 책이 세상에 나올 수 있었다.

마지막으로 우리의 소망이 되는 하나님이 안 계셨다면 수업나눔 운동도, 이 집필 작업도 중도에 포기하고 말았을 것이다. 하나님께 모든 영광을 돌린다.

아무쪼록 이 땅의 모든 교사들 사이에 자연스럽게 수업이야기가 많이 이루어지고, 모든 학교가 따뜻한 수업공동체로 세워지는 그 날을 소망한다.

2018년 7월
5명의 저자를 대표해서
김효수 드림

목차

1장

수업
노마드

마침내 나는 일어섰다.
그리고 한 발을 내디뎌 걷는다.
어디로 가야 하는지 그리고
그 끝이 어딘지 알 수는 없지만.
그러나 나는 걷는다.
그렇다. 나는 걸어야만 한다.

알베르토 자코메티(1901-1966)

폴 고갱, <우리는 어디서 왔는가? 우리는 누구인가? 우리는 어디로 가는가?>(1897년)
캔버스에 유채, 139×374.7cm, 보스턴미술관

    삶의 깊은 질문을 던지는 이 그림은 고갱이 생의 말년에 그렸던 작품이다. 화가로서도 성공하지 못하고 당시 병에 시달렸던 고갱이 이 그림을 그릴 때 어떤 심정이었을까? 그림을 차분히 보고 있으면 교사가 된 후 지금까지 교사로서 어떤 삶을 살았고 어디로 가고 있는지 자문하게 된다. 쉽지 않은 질문에 답을 내놓기가 망설여진다. 그림의 오른쪽 잠자는 아기부터 왼쪽 끝부분 죽음을 기다리고 있는 노파에 이르기까지, 탄생에서 죽음까지의 인생 여정을 그린 이 작품처럼 풋풋했던 신규교사 시절을 지나 현재까지 학교에서 교사로 살아왔던 시간을 떠올려 보자.

    많은 실수를 통해 배워가고, 힘겨웠지만 성장하고자 애써왔던 오랜 시간들. 우리 학교에서 쉽게 만날 수 있는 평범한 김교사의 수업 여정을 따라가 보면서 우리 각자의 수업도 함께 성찰해 보자.

수업 여정의 시작

첫 발령 받은 학교는 전체 6학급인 자그마한 시골 학교였다. 인기가 없는 학교인 탓에 내리 3년간 신규 교사가 발령받았다. 나의 낯선 교사 생활은 이 학교의 기피 학년 아이들과 시작되었다. 첫 날, 첫 수업을 어떻게 잊을 수 있을까? 아이들에게 무슨 말을 했는지는 기억할 수 없지만 등에서 식은땀이 쭉 흐르던 그 긴장감은 아직도 생생하게 떠오른다. 내 마음을 더욱 어렵게 했던 것은 이 수업이 교생실습처럼 한 달로 마무리되는 것이 아니라 앞으로 수십 년 동안 지속해야 한다는 사실이었다. 게다가 수업하기에도 버거운 나에게 공문 작성 같은 행정적인 일들 그리고 각종 행사 같은 변수들은 서툴기만 한 나의 교사 생활을 더욱 고달프게 했다.

첫 발령을 받은 시골 학교에서 3월 한 달 동안 내가 한 일은 끝나지 않을 것 같은 환경정리와 숫자 맞추기 같은 교육과정 짜기, 5학년이라서 배정된 실내외 화장실 청소, 잘 알지도 못하는 각종 업무 추진 계획서 작성하기, 그리고 아무리 바빠도 꼭 챙겨야 하는 수업과 아이들 생활지도 등이었다. 수업준비를 위해 이것저것 자료를 찾아보았지만 내가 원하는 정보들을 발견하기란 쉽지 않았고, 이런 고민을 누구와 나누어야 할지도 알지 못했다. 학교 생활이 너무도 분주했기 때문에 옆반 선생님과 대화를 나눌 수 있는 시간조차 그리 길지 않았다. 나의 마음과 상황을 알지 못하는 아이들은 제멋대로 행동하며 나를 더욱 힘들게 했고 아이들에게 내가 할 수 있는 것은 고작 화를 내거나 달래보는 것뿐이었다.

선생님들이 업무와 관련된 이야기를 하실 때는 외계어 같아 못 알아듣는 경우가 빈번했고, 학기 초반이라 한꺼번에 기억하고 처리해야 할 일들이 산더미처럼 쌓여 허둥지둥하곤 했다. 그래서 담당 선생님의 재촉 메신저를 받고 나서야 옆반 선생님께 여쭤보고 급히 처리해서 넘겨주기 일쑤였다. 그 조차도 한 번에 끝나는 것이 아니었다. 실수도 많고 업무 지시도 수시로 변경되어 똑같은 일을 두 번 세 번 반복해야 하는 경우도 부지기수였다.

처음부터 교육계의 한 획을 그을 만한 훌륭한 교사가 되리라는 거창한 각오로 교직에 입문한 것은 아니었다. 하지만 수업이나 아이들보다 그 외적인 것들에 훨씬 더 많은 시간과 에너지를 쏟아야 하는 현실이 실망스럽기만 했다. 학교는 수업과 생활지도를 어떻게 해야 하는지 알려주기보다는 공문 쓰는 방법, 업무추진 요령 등에 대해 가르쳐주며 내가 빨리 학교 시스템에 적응해 주기 바라는듯 했고 나도 되도록 실수하지 않으려고 부단히도 노력했던 것 같다. 그렇게 한 달을 보내고 나니 사표를 쓰고 싶었다. 이런 생활을 일생 계속해야 한다고 생각하니 눈앞이 깜깜하고 가슴이 답답해졌다. 그리고 암담한 내 현실을 돌아보며 이런 의문이 들었다. 다른 선생님들은 이런 상황을 어떻게 버티고 우리나라의 교사 시스템은 임용고시 합격 후 발령을 받으면 바로 수업을 하고 담임을 맡게 됨으로써 학급경영을 시작해야 한다. 한 달 동안의 교생실습 기간이 있지만 짧은 교생실습 경험만으로는 담임으로서 온전히 학급을 책임지며 수업을 하는 것이 어려운 일이다. 김교사가 신규발령 후 수업을 어떻게 해야 할지 막막해했던 경험은 대다수 교사가 느껴봤음직한 고민이다. 교과 내용을 아이들에게 어떻게 가르쳐야 하는가? 아이들을 어떻게 집중시킬 수 있는가? 학급은 어떻게 운영해야 하는가? 교실 현장에서 맞닥뜨린 수업 속 질문은 답이 정해진 수학 문제와 같지 않다. 수업은 문제를 어떻게 풀어가야 할지 모르는 답답하고 어려운 숙제 같고, 수업을 진행해 갈수록 오히려 더 많은 질문이 생겨나게 된다. 수업에 대한 이런 깊은 고민을 김교사는 어떻게 풀어갔을까?

교사가 되고 평교사로 정년을 맞이할 때까지 교사의 수업 여정은 끊임없이 진행된다. 수업이라는 이 기나긴 여행을 어떤 테마로 어떻게 디자인하느냐는 전적으로 교사인 나 자신에게 달려있다. 하지만 수업이 잘 짜인 패키지여행처럼 순조롭기만 하겠는가? 오히려 돌발 변수가 많은 자유여행에 가깝다. 여행이란 사용 가능한 시간과 사용가능한 돈, 여행지에 대한 정보, 그 여행의 동반자, 여행지에서 일어나는 여러 가지 돌발적인 사건들 등으로 인해 만족도가 좌우된다. 우리의 수업 여정도 마찬가지다. 동료교사, 학교 분위기, 만나는 아이들, 교사공동체, 수많은 연수, 교육 서적 등에 따라 수업 여정 또한 많은 영향을 받게 된다. 만족스러울 때도 있지만, 때론 목적지도 모른 채 여행길에 오른 여행자처럼 어떤 수업을 하고 싶은지도 깨닫지 못한 채 하루하루 시간을 때우고 있는 우리 자신을 발견하기도 한다. 각종 행사로 밀렸던 수업 진도를 맞추기 위해 쫓기듯 수업을 진행해 나갈 때도 있고, 좋은 지도안과 자료들을 준비해서 한 시간 동안 그럴싸한 내용으로 채워보기도 한다. 패키지여행의 장점 가운데 하나는 여행지 안내를 가이드가 알아서 척척 다해 주니 여행자는 별다른 준비 없이 따라다니기만 하면 된다는 것이다. 이런 여행은 참 쉽다. 여행자에게 있어 여행지는 호기심과 설렘을 선사하는 가슴 뛰게 하는 공간이기도 하지만 길을 잃거나 무엇을 해야 할지 당황스러울 수 있는 낯선 장소이기도 하다. 그렇기 때문에 여행지에서 가이드는 엄청나게 큰 존재일 수밖에 없다. 수업이란 여정도 마찬가지이다. 무엇을 어떻게 해야 할지 몰라 난감해질 때 그 여정을 먼저 경험한 선배교사들의 안내는 참으로 소중하고 유익하다. 수업에 대한 확신이 없고 아이디어가 떠오르지 않을 때 선배교사의 수업에 대한 경험담이나 조언, 동학년 선생님들이 준비해 놓은 수업 자료와 학습지는 눈물나게 고마운 도움의 손길로 느껴진다. 교사라면 다른 누군가의 도움을 받아 수업을 진행해 본 경험들이 있을 것이다.

다양한 변수 가운데 이루어지는 수업 여행이 헛되지는 않으나 홀로 떠나는 여행은 버겁기만 하다. 학교행사에 쫓기며 정신없이 생활하다 보면 수업 준비가 소홀해지고, 교과서를 제대로 읽어보지도 못한 채 수업을 진행하는 경우도 적지 않다. 쉬는 시간에 잠깐 교과서나 온라인 교육 사이트를 훑어보고 동영상에 의존해 수업하며 한숨 돌렸던 적이 얼마나 많았던가? 한 번 흐트러진 수업의 흐름을 다시 바로잡기란 또 얼마나 어려웠던가? 이처럼 수업에 대해 어려움을 겪다 보면 교사들은 수업에 대해 더 많이 고민하고 준비하기보다 기존에 개발된 자료들을 그대로 갖다 쓰는 방식으로 편하게 지나가고 싶은 유혹에 사로잡히곤 한다. 결국 영양소가 골고루 갖춰진 건강한 밥상 같은 수업이 되기 위해서는 수업 여정을 함께 동반해 줄 일상의 누군가가 필요했다. 실수도 하고 길을 잃어 헤맬 때도 많겠지만, 나만의 빛깔을 낼 수 있는 여행을 하기 위해 좀 더 용기를 낼 수 있도록 나의 수업 여정을 지켜봐주고 지지해 줄 길동무 같은 누군가가 김교사에게는 필요했다.

수업을 바꿔라

　두 번째 학교에서는 연구학교를 경험했다. 독서토론이 연구주제였는데 교장선생님의 의지가 대단하셨다. 독서토론에 대해 많은 경험과 정보가 있는 것은 아니었지만 동료교사들과 머리를 맞대고 독서토론 수업 모형을 개발하고 아이들에게 적용해 보았다. 그리고 독서토론 수업 모형을 본 수업에도 적용하며 실수한 부분을 고쳐나갔다. 아이들이 어려워하는 부분을 고민하며 함께 토론 모형을 다듬어 가고자 애를 썼다. 그러나 기대만큼 토론 내용이 나오지 않아 대본을 대신 써주고 연극처럼 연습을 시키기도 했다. 시간이 지날수록 억지로 쥐어짜듯이 수행해야 하는 연구 과제들과 그 과제들을 수업으로 나타내야 하는 과정이 벅차기만 했다. 공개수업 날짜가 점점 더 다가왔을 때 아이들을 윽박지르고 있는 내 모습은 피폐해진 교사의 모습 그 자체였다. 아이들과 함께 만들어 가고 싶었던 수업은 이미 까맣게 잊혀진 꿈이 되어 버렸다. 연구

학교에서 내 수업은 과연 성장하고 있었을까?

"교육의 질은 교사의 질을 넘을 수 없다"라는 말은 내게 '수업의 질은 교사의 질을 넘을 수 없다'라는 말로 들렸다. 교과서만 가지고 수업하는 것을 지양하라고 해서 교육과정 재구성을 고민했고, 대학원 계절학기를 수강했다. 그리고 이 모든 과정이 내게 좋은 자극제가 되었다. 방학을 방학답게 쉬지 못해 아쉬울 때도 있었지만 전국 각지에서 모인 선생님들의 삶과 수업이야기를 들으면서 다음 학기에 적용해 보고 싶은 수업 아이디어들이 생겨나기도 했다.

새 학년 새 학기가 될 때마다 어떻게 학급경영을 해야 하는지 고민이 많아 유명한 강사 선생님들의 연수를 받고 이번에 꼭 적용해 보리라 다짐도 해보았다. 하지만 교실 현장에서의 적용은 쉽지 않았다. 교실에서는 매번 다른 문제가 툭툭 튀어나왔고, 하루하루 아이들 문제를 해결하다 보면 지치기 일쑤였다. 무엇보다 수업방법에 관한 다양한 연수를 받았다. 협동학습이 교사들 사이에서 인기였을 때는 협동학습을 배우기 위해 기회가 될 때마다 연수와 세미나에 참석했고 거기에서 배운 내용을 교실에 적용하고자 노력했다. 거꾸로 수업이 방송에서 소개되자 거꾸로 수업을 배우려고 책을 읽고 연수를 받았다. 새로운 수업방식들을 알아가며 아이들과 만들어가는 수업을 통해 재미와 보람도 느꼈다. 하지만 매번 새로운 수업방법을 익히고 수업에 적용하는 일은 여간 힘들고 어려운 과정이 아니었다. 나는 아이들과 어떤 수업을 만들어 가고 싶은 걸까?

수업방법에도 시기마다 유행이 존재하는 것이 사실이다. 교육계에서 유행하던 수업방법을 쫓아가던 김교사는 그것을 소화하고 적용하는 것이 무척 힘들었을 것이다. 그런데도 계속해서 새로운 연수를 받았던 김교사는 어떤 마음이었을까? 연수시간을 채우기 위해 직무 연수를 받는 교사들도 있지만, 김교사처럼 자신의 수업에 변화를 주고 싶어 부지런히 배우고 교육현장에서 배운 것을 적용해 보는 교사들도 많다. 다만, 새로운 내용을 배우기만 하는 연수쇼핑을 잠시 멈추고 자신이 만들어가고 싶은 수업이 무엇인지 깊게 고민할 시간이 필요하다.

"수업을 바꿔라!"

모 케이블 방송에서 방영했던 교육 프로그램 타이틀이다. 해외 교육시스템을 소개하고 직접 체험한 내용을 소개한다는 취지였다. 프로그램 내용과 상관없이 이런 타이틀을 현장의 교사들은 어떻게 받아들였을까?

수업에 대한 내부적인 고민을 넘어 학교에 대한 사회적 시각도 변화되고 있고 아이들 생활지도도 점점 힘들어지면서 뉴스를 통해 교실의 문제가 자주 보도되고, 학교도 교육과정에 대한 고민이 아주 깊어졌다. "학교가 변해야 한다고, 교사가, 수업이 변해야 한다."는 목소리가 계속 들려왔다. 교사들은 연간 직무연수를 60시간 이상 이수해야 하고, 학교에서도 자기장학, 동료장학, 맞춤형 컨설팅장학까지 교사의 수업전문성을 향상하기 위한 많은 제도 속에 둘러싸여 있다. 뿐만 아니라 수업혁신을 위해 좀 더 적극적으로 고민하며 학교 안과 밖에서 수업동아리 모임에 참가하고 있는 교사들 또한 적지 않다. 지역에 따라 차이는 있지만, 교육청에서도 교사 수업동아리를 지원해주어 교사들이 다양하게 수업 연구할 수 있는 환경을 만들어주고 있다.

학교는 사회의 많은 요구로 인해 변해가고 있고, 혁신학교라는 이름으로 스스로도 변하고자 노력해 왔다. 교원평가 제도는 교사에게 1년에 2번 이상 수업을 공개하도록 했다. 교사는 변화의 대상이 되어 수업도 바꿔야 하고 성역과 같았던 교실 수업도 이제 공개해야 한다. 이처럼 교사에게 수업은 일상인 동시에 평가를 받아야 하는 부담스러운 영역이 되었다. 내 수업을 누군가에게 공개해서 평가를 받아야 한다는 부담감은 연수쇼핑과 더불어 보여주기 좋은 수업 아이템을 찾는 방향으로 수업에 대한 무게중심이 옮겨지게 만들었다.

수업공개는 어렵다

학교에서 1년 중 가장 바쁜 3월이 지났다. 여전히 해야 할 일들은 쌓여있으나 3월이 지났다는 것만으로도 마음의 여유가 생긴다. 하지만 학교에서 이런 여유는 사치에 불과하다. 업무 메신저를 열어보니 연구부장 선생님의 업무 쪽지가 전달되어 있었다. 동료장학 수업공개 날짜를 정하는 것과 수업컨설팅을 신청하라는 내용이었다. 매년 수업공개를 하고 있지만, 여전히 내 수업을 누군가에게 보여준다는 것은 부담스럽기만 하다. '교육과정 설명의 날' 학부모 공개수업을 한 지 얼마 지나지 않았는데 또 동료 선생님들에게 공개수업을 해야 하다니! 누군가에게 보여주기 위한 수업공개는 점점 더 힘겨운 과제가 되고 수업 준비 과정을 생각하는 것만으로도 머리가 지끈지끈해진다. 수업공개하기 좋은 적절한 단원과 차시를 고르는 일부터 보기 좋은 학습지와 PPT를 며칠에 걸쳐서 만들어야 하고, 밋밋한 수업을 하면 안 되니 요즘 유행하는 수업방법도 찾아봐야 한다. 내 평소 수업 스타일은 아니지만, 아이들의 활발한 활동이 중요하니 발표나 모둠활동 훈련을 더 많이 준비시켜야 한다. 솔직히 우리 반 아이들이 내가 평소 수업하는 모습과 다르다고 느낄까봐 아이들 눈치가 보이는 것도 사실이다. 누군가에게 내 교실, 내 수업을 열어 보여준다는 것은 참 두려운 일이다. 매일 하는 수업인데 말이다. 학년 부장 선생님이나 동학년 선생님들은 부담 갖지 말라고 말씀하시지만 내 수업을 보고 어떤 생각을 하실까 신경이 쓰이는 것은 어쩔 수 없다. 언제쯤 수업공개를 부담 갖지 않고 할 수 있을까? 경력이 많이 쌓이면 자신감이 생길까? 이런 수업공개를 많이 하면 정말 수업은 성장하는 걸까?

신규시절부터 학교 대표 수업공개나 수업장학은 저경력교사나 새로운 전입교사들 중에서 뽑는 교직 문화를 경험했던 김교사는 학교를 옮길 때마다 으레 그 학교 수업공개 분위기부터 살폈다. 대부분의 교사가 수업공개를 부담스러워했고 아무도 선뜻 나서려 하지 않았기 때문이다. 그나마 다행히도 한 번 학교대표 수업공개를 하고 나면 그 학교에서 근무하는 동안은 대표수업을 하지 않아도 된다. 김교사는 수업공개를 준비하는 것이 너무 힘들고 부담스러워서 빨리 고경력 교사가 되길 바랐던 적도 있었다.

현재 교사들은 수업공개를 1년에 2회 이상 의무적으로 진행하고 있다. 수업공개를 하는 이유는, 교사가 수업을 기획하고 준비, 실행하는 과정을 통해 교사의 전문성을 신장시키는 것이 원래 목적일 것이다. 하지만 이 전문성이 수업공개를 할 때만 집중적으로 발휘된다는 것이 문제이다. 김교사는 한 번의 수업 공개를 위해 어떻게 가르칠 것인지 진지하게 고민했고 형형색색의 학습자료를 정성스럽게 준비했다. 너무 깊게 고민한 나머지 수업지도안을 몇 번이나 수정하고 선배교사들과 여러 차례 협의과정도 거쳤다. 이렇게 숙고한 끝에 완성된 지도안을 가지고 미리 다른 수업에서 아이들과 비슷한 활동을 진행해 보기도 했다. 동학년 선생님들이 교실 환경 정리를 도와주고 화분까지 가져와 우리 교실에 놓아주셨다. 그만큼 수업공개는 학교의 큰 행사였다.

수업공개 하는 날, 교사가 신경 쓰이는 것 중 하나가 아이들의 컨디션이다. 칭찬도 많이 해주고, 모둠 분위기를 끌어올리기 위해 이벤트도 만들고, 보상도 넉넉히 해주겠다는 약속을 하기도 한다. 아이들이 활발하게 수업에 참여할 수 있도록 분위기를 조성해 주는 일은 공개수업에서 매우 중요한 요소이다. 수업은 예상한 대로 잘 마무리되었지만 김교사는 너무 지치고 힘들어 다시는 수업공개를 안 하고 싶은 마음이 들었다. 그리고 수업공개 후 일상의 수업은 예전의 패턴으로 똑같이 되돌아갔다. 이런 이벤트적인 수업공개를 통해 실제 수업전문성은 신장되고 있는 것일까?

보여주기 위한 수업공개는 한번 화려하게 빛나고 순식간에 사라지는 불꽃놀이 같다. 일회성 수업공개 자체에 에너지를 쏟다 보니 수업공개가 끝나면 지친 마음과 끝났다는 후련함만 남는 경우가 많다. 이런 학교문화의 패턴 속에서 교사가 평범한 일상의 수업을 공개한다는 것에는 큰 용기가 필요했다.

교육지원청 연수에서 같은 모둠이었던 2년 차 선생님과의 대화가 아직도 잊히지 않는다. 선생님은 발령받은 첫해 수업컨설팅을 받았는데 수업컨설턴트에게 좋은 피드백을 받지 못했고 수업에 대한 자신감이 많이 상실되어 의기소침한 상태였다. 올해도 수업컨설팅을 받고 있는데 수업방법에 대한 정보를 얻고자 연수에 참여했다고 말했다. 이어서 덧붙인 말은 연수 내내 가슴 아픈 울림을 주었다.

"학교 현장에 나오면 다른 선생님들의 수업을 보고 배울 수 있는 기회가 많을 것이라 생각했어요. 하지만 현실은 정반대였어요. 정작 학교에서는 다른 선생님들의 수업을 제대로 볼 수 있는 기회조차 거의 없고, 오히려 교생실습 때 수업을 보고 이야기를 나눌 기회가 훨씬 더 많았어요."

신규교사의 이 말은 오랫동안 김교사 마음에서 떠나지 않았다. 신규교사 시절 김교사 또한 똑같은 고민으로 힘겨워했던 적이 많았기 때문이다. 그렇다면 지금의 나는 동료교사에게 수업을 공개하는 것이 쉬운 일인가? 매일 교실마다 이루어지고 있는 수업, 이 일상의 수업을 교사가 교사에게 공개하는 것이 왜 어려운 일일까? 수업은 여전히 혼자 알아서 해결해야 할까? 김교사는 이제 선배교사가 되어가는 위치에서 진지하게 수업공개에 대해 고민하기 시작했다.

교사가 동료교사에게 일상의 수업을 보여주며 자신의 민낯을 드러내는 것은 많은 용기가 필요하다. 그러나 교사의 수업공개는 개인 성향의 문제를 넘어 학교 교사 문화와도 관련이 있다. 수업은 교사 개인이 아닌 교사공동체 영역의 문제이기 때문이다. 그러므로 수업을 교사공동체 대상의 문제로 확대해 수업공개와 수업나눔을 실천할 필요가 있다. 교사들이 일상 수업을 오픈하여 다양한 수업사례들을 보고 들으며 동료교사들과의 소통으로 자신의 수업을 성찰해 가는 공동체적인 경험이야말로 수업공개에 대한 부담감과 부작용을 줄일 수 있는 해결책이 될 수 있다.

수업협의회의 온도

　교사라면 피해갈 수 없는 수업장학, 이제는 수업컨설팅이라는 이름으로 더 많이 사용되고 있지만, 첫 수업협의회를 김교사는 잊을 수 없다. 전통적인 장학의 관점으로 수업을 판단하고, 표준화된 문항별 체크리스트 방식으로 수업을 평가하는 학교 문화 속에서 수업협의회는 교사들에게 부담스러운 행사일 뿐이다. 수업자는 되도록 동료교사에게 좋은 점수를, 좋은 평가를 받고 싶은 것이 자연스러운 마음이다. 그러므로 보여주기 위한 수업을 준비하고, 아이들과 잘 짜인 연극 같은 수업을 진행할 수 밖에 없다. 수업공개만으로도 힘들지만, 더 어려운 수업협의회 시간이 기다리고 있다. 수업을 참관한 여러 선생님들이 어떤 평가를 하실지 걱정하며 기다리고 있던 그 긴장감. 교사라면 누구나 한 번쯤은 경험해 보았을 것이다.

　"수업자의 반성부터 듣겠습니다."
　수업협의회를 시작할 때 맨 먼저 수업자의 반성이 시작된다. '반성'이라는 말은 내가 잘못한 것을 전제로 부족한 점과 아쉬운 점을 스스로 고백하는 것이다. 형식적인 수업협의회는 수업자의 자아 비판적인 반성과 평가자의 의례적인 칭찬이나 지도조언으로 끝을 맺는다. 김교사가 경험한 수업협의회도 다르지 않았다.

공개수업에 부담을 가진 김교사는 일상의 수업과 달리 보여 주기식의 수업으로 공개수업의 주제와 내용을 구상했다. 수업주제를 '외국인 노동자'로 정한 다음 프로젝트 수업을 계획했다. 프로젝트 수업 마지막 차시인 '해결방안 모색하기'를 다중지능 모둠으로 만들어 다양한 발표를 유도하는 구성이었다. 김교사는 3주 전부터 공개수업 준비에 돌입하여 수업지도안만 30쪽 이상을 작성했고, 아이들의 모둠편성 및 발표훈련까지 만반의 준비를 갖추느라 야근이 일상화되었다. 언어지능 모둠은 뉴스 역할극을, 논리수학지능 모둠은 외국인 노동자 문제해결 방안 마인드맵 그리기를, 음악지능 모둠은 기존 노래를 개사하여 캠페인 송을 부르는 등 6개 모둠이 각자의 표현방식대로 발표하는 수업이었다. 기대 이상으로 아이들의 발표는 참신했고 김교사의 적절한 피드백으로 수업은 즐거운 분위기로 마무리 될 수 있었다. 그런데 20여 분 남짓의 수업협의회는 역시나 피상적인 칭찬과 지적이 오갔다.

참관교사 '외국인 노동자' 프로젝트 수업을 기획하면서 왜 다중지능 모둠으로 편성할 생각을 하셨죠? 사실 많은 표현방식이 오히려 혼란스럽군요. 그런 방식은 잘못된 것 같네요.

김교사	다중지능 모둠으로 편성한 것은 우리는 한국인, 저들은 외국인이라는 이분법적 사고에서 벗어나 모두가 저마다 다양한 재능을 가지고 있음을 모둠편성을 통해 느끼게 해주고 싶었어요.
참관교사	아니, 김 선생님 지금 몇 년차지요?
김교사	네. 3년 차입니다.
참관교사	3년 차면 그냥 듣고 '다음에 고려해서 수업하겠습니다.' 하는 거지, 그렇게 반론하면서 우리를 가르치려고 들면 안 됩니다.
김교사	네.....??!!

김교사는 수업 구성의 의도를 정확하게 전달하고 싶었을 뿐, 누구를 가르칠 마음이 없었는데 그런 소리를 들으니 황당하고 억울했지만 그 분위기 속에서 말을 멈출 수밖에 없었다. 그날 수업협의회는 김교사에게 상처가 되어 공개수업에 대해서도 부정적인 마음을 갖게 했다. 결국 나머지 수업협의는 내 수업에 대해 제대로 설명할 기회도 갖지 못한 채 참관록에 있는 표준적인 체크리스트에 표시된 동그라미와 점수 합계, 몇 줄의 참관 소감을 개인적으로 읽어보는 것으로 마무리되었다. 그 중에는 의미 있게 다가오는 멘트들도 있었지만 대부분 잘 수거하여 실적으로 처리해 서랍 속에 고이 모셔두는 것으로 끝났다. 무엇보다 선생님들에게 내 수업이야기를 제대로 전달하지 못했다는 사실이 못내 아쉽고 속상했다. 김교사의 수업공개와 수

업협의회에 대한 첫 경험은 너무 힘들고 불편했으며 앞으로 교사생활을 하면서 가능하면 피하고 싶다는 생각을 갖게 했다.

수업협의회의 온도에 따라서 수업공개에 대한 이미지가 결정된다고 해도 과언이 아니다. 수업협의회는 학교마다 분위기가 달랐다. 수업 전, 후 협의회를 실제로 진행하는 학교도 있었고 서류로만 대체하는 학교도 있었다. 좋은교사 회원을 대상으로 한 수업협의회에 대한 설문에 따르면, 41%[1]가 수업협의를 실질적으로 하지 않고 참관록만 작성한다고 응답했다. 교원평가로 수업공개를 연 2회 의무적으로 실시하고 있지만 정작 수업협의회는 진행하지 않는다는 응답이 절반 가까이 나온 것만 보아도 수업협의회가 학교현장에서 제 역할을 해 내지 못하고 있음을 방증해 준다. 교사의 수업전문성을 신장시키기 위해 수업을 공개하고, 함께 수업협의회 시간을 갖지만, 칭찬이든 지적이든 평가적 측면이 강한 수업협의회 문화는 불편하고 가능하면 피하고 싶은 교사의 마음이 반영된 결과라고 할 수 있다. 형식적이고 표면적인 수업협의회 경험, 심지어 실제로는 진행하지도 않고 서류로만 대체하는 현실은 수업협의회가 교사의 수업능력 향상이라는 본래의 목적과는 거리가 먼 하나의 실적쌓기와 행사로만 여기는 학교현장의 실정을 그대로 드러내고 있는 셈이다.

수업협의회가 불편한 것은 내 수업을 누군가 평가하고 있다는 시선 때문이다. 수업자는 수업 속 의미 있는 요소에 관심을 두고 주목하기보다는 수업을 마친 후 자신이 실수했거나 기대대로 되지 않았던 부분을 반복적으로 떠올리기 마련이고, 평가적 피드백을 하는 수업협의회 자리라면 더욱 주눅 들고 불편하기만 하다. 뿐만 아니라 참관자들의 일방적인 처방적 수업협의는 여전히 수업을 교사 혼자 해결해야 하는 영역으로 치부시키고 있다. 결국 학생과 만나는 공간인 수업은 교사 혼자 고군분투해야 하는 어렵고도 외로운 길이 되고 만다. 학교 안에서 수업공동체가 형성되기 어려운 이유 중 하나가 바로 수업을 교사 혼자 감당하고 해결하게 하는 학교문화, 교사문화와 밀접한 관련이 있다.

수업을 장학이나 평가의 대상으로 바라보는 시각은 교사들에게 매우 익숙하다. 하지만 수업을 동료교사들과 나눔의 대상으로 여긴다면 수업협의회의 온도는 좀더 따뜻해지지 않을까? 요즘 흔히 사용하는 '수업나눔'은 단순히 교사가 수업을 열고 동료교사가 수업을 함께 본다는 의미를 넘어 수업 속 교사의 아픔, 고민, 두려움을 내어놓고 함께 그 삶으로 들어가는 것을 의미한다. 수업 속 교사의 마음을 알아차리며 그것이 어떻게 수업 속에서 표현되고 있는지 함께 그 여정을 나누는 것이다. 수업나눔을 통해 좀더 깊이 자신의 수업을 들여다보고 수업을 읽어내는 성찰을 통해 내가 원하는 수업을 만들어갈 수 있을 것이다.

학교에서 수업이야기를 하는
이상한 선생님

수업공개와 수업협의회 이후에도 여전히 내 고민이 해결되지 않아 마음이 답답하다. 선생님들이 지도 조언 말씀도 해주셨지만 실제 수업에 적용하는 것은 쉬운 일이 아니다. 다른 선생님들은 쉽게 수업하시는 것 같은데 왜 나만 이렇게 헤매고 있는 걸까? 수업동아리 선생님들과 허심탄회하게 수업이야기를 해 보고 싶다. 혼자서 내 수업을 만들어가는 것에는 한계가 느껴진다. 선배 교사나 동학년 교사들과 이야기를 나누고 싶은데, 업무로, 학급 일로, 가정 일로 분주한 선생님들에게 수업준비를 같이 하자는 말을 도저히 건넬 수 없다. 가뜩이나 힘든 학교생활에 내가 괜히 일을 하나 더 얹어주는 것은 아닐까 하는 염려와 솔직히 혼자만 수업에 대해 고민하는 척 유난을 떠는 교사로 비칠까 하는 두려움도 마음 한켠에 자리잡고 있다. 또 동학년 선생님들 외에는 마주할 기회가 많지 않기 때문에 낯설기도 하고, 잘 모르는 선생님에게 내 수업을 보여주고 내 이야기를 꺼내는 것이 뭔가 어색하기도 했다. 선생님들에게 내 마음을 솔직하게 드러낼 수 있을까? 시간이 지나면 점점 더 편해지겠지? 수업 공동체를 만든다는 것이 쉽지 않구나! 누구 나랑 수업친구 할 사람 없나요?

김교사는 학교에서 좀더 적극적으로 수업이야기를 하고 싶었다. 하지만 동료교사들이 모일 수 있는 시간은 제한되어 있었고, 점심시간이나 짧은 쉬는 시간에 나누는 대화는 학교행사 일정이나 학급 아이들에 대한 이야기가 주를 이루었다. 동학년 선생님들에게 학급에서 일어난 일들을 이야기하면 서로의 경험을 나누기도 하고, 학급운영에 대한 조언을 듣게 되기도 한다. 가끔은 나만 겪는 일은 아니었구나 하는 생각이 들면서 위로를 받을 때도 있다. 유독 나를 힘들게 하는 아이에 대해 굳이 장황하게 설명하지 않아도 옆에서 지켜본 동학년 선생님들은 내 마음을 잘 알아주고 이해해 줘서 무척이나 고맙기도 했다.

그런데, 이 선생님들과 수업에 관한 이야기는 얼마나 깊이 나눌 수 있을까? 교사들 사이에서 가장 어색한 대화 주제를 찾으라면 수업이야기가 아닐까? 수업이 교사 개인의 영역으로 인식되는 학교 문화에서, 수업에 관한 이야기는 보통 학습지나 학습 자료 정보 공유에 그치는 경우가 대부분이다. 요즘 수업이 어떤지, 수업에 어려움은 없는지, 어떤 지점에서 막히는지, 아이들은 어떻게 활동시켜야 하는지,

수업 속 고민이 무엇인지 등을 진지하게 나누는 것은 익숙하지 않다. 이런 식으로 내 수업을 바라본 경험도 거의 없거니와 수업을 이해하는 깊이도 달라 오히려 수업 고민을 말하는 사람이 무능력한 교사로 비치기도 한다. 때로는 그런 시선이 부담스러워 수업이야기를 꺼내는 것을 주저하기도 한다.

사회적으로 전문직이라고 하는 의사나 변호사들은 한자리에 모여 컨퍼런스를 갖는 경우가 많다. 의사나 변호사는 자신이 하는 일을 같은 직종의 동료 전문가들 앞에서 보여주는 직업이다. 의사나 변호사들은 꾸준히 자신들의 직무 경험을 동료들과 함께 복기하기도 하고 함께 준비하는 모임을 지속적으로 갖곤 한다. 그런 모임을 통해 정보도 공유하고 서로 배우며 축적된 경험을 통해 진짜 전문가로서 성장해간다. 그렇다면 교사는 어떤가? 교실 문을 닫는 순간, 교사가 말하지 않는 한, 동료교사들이 보지 않는 한, 교실에서 어떤 일이 일어나고 있는지 도무지 알 수가 없다.

성찰중심 수업나눔이 어렵게 다가오는 이유 가운데 하나는 평소에 수업을 대화의 중심에 두고 진지한 이야기를 나눠본 경험이 없기 때문이다. 때로 학교 밖 수업공동체를 통해서는 수업이야기를 나눠본 경험이 있겠지만, 같은 학교, 같은 동학년 교사들끼리는 그런 기회가 거의 주어지지 않는다. 그러나 동학년 또는 동교과 교사들끼리 수업친구를 맺어 교내 수업동아리를 하는 것은 학교 밖 선생님들에게 일일이 우리 학교, 우리 학급 상황을 이해시켜야 하는 과정을 생략할 수 있고, 학교 사정과 학년 아이들 상황을 누구보다 잘 알기 때문에 소통의 깊이와 이해의 폭이 확연히 달라진다. 근래에는 혁신학교와 더불어 단위학교별 혁신학년을 통해 학년 내 수업재구성 모임 또는 프로젝트 수업 만들기 등 자발적인 수업변화를 위한 교사 모임이 만들어지고 있다. 뿐만 아니라 독서토론, 다양한 연수 모임으로 학교 내에서 동료교사들과 소통할 수 있는 창구 또한 열리고 있는 추세이다.

몇 해 전 EBS에서 방송되었던 '선생님이 달라졌어요'라는 프로그램을 보면서 선생님들의 고민과 상처를 같은 학교 동료교사들과 나눌 수 있었다면 얼마나 좋았을까 하는 안타까운 마음이 많이 들었다. 전문가의 이야기를 듣고 코칭을 받는 것은 좋은 경험이고 실제적인 변화로 이어질 수 있어서 의미가 있어 보였지만 자신의 교실과 자신의 상황을 제일 잘 알고 있는 같은 학교 동료들과 이야기하며 서로 위로할 수 있었다면 수업으로 고통받고 상처로 얼룩진 마음이 좀더 빨리 회복될 수 있지 않았을까 하는 아쉬움이 남았다.

신규교사 시절부터 꾸준히 교사공동체에 참석하면서 동료교사들과 함께 수업이야기를 나누어왔다. 오랜 시간 꾸준히 참석한 교사공동체를 돌아보면 특별한 활동이 아니라 진심 어린 대화를 나눌 수 있는 관계 형성이 참으로 중요하다는 사실을 깨닫게 된다. 함께 모여 서로를 바라보며 수업과 학급, 학교에 대해 때로는 삶에 대해 이야기하면서 힘든 부분을 공감하고 위로하며 서로 마음을 보듬는 경험이 깊었기 때문에 서로를 신뢰할 수 있었고 서로에 대한 믿음으로 인해 공동체 모임을 지속할 수 있었다. 학교에서 만나는 동료교사들에게 내 수업 속 이야기를 꺼내는 것은 단순히 정보를 주고받는 나눔을 뛰어넘는 관계이기 때문에 관계형성을 위한 수업공동체를 세우는 것이 무엇보다 중요하다. 더불어 학교 안에 교사들이 중심이 되어 자발적인 교사 모임을 만들어가는 것은 의미 있는 출발점이 될 수 있다. 특히 단위학교에서 수업동아리를 만들어 자발적 수업수다를 하는 것은 교사 스스로 수업변화의 주체로 세워져 간다는 의미에서 매우 중요한 가치를 담고 있다.

성찰중심 수업나눔을 만나다

작품성 있는 건축물을 대면했을 때 가슴 떨림을 경험한 적이 있는가? 제주여행을 통해 만났던 안도 다다오의 건축물이 내게는 그러했다. 건축가가 건축을 통해 자신이 담아내고자 하는 바를 정확히 표현하고 공간을 창출해 낸다는 사실은 참으로 경이롭다. 얼마나 치열하게 고민했을까? 수없이 종이에 그려보고, 자신이 원하는 것이 무엇인지 끊임없이 질문했을 그 과정이 눈앞에 그려진다. 그리고 정말 건축가가 의도한 모습으로 결국 공간을 만들어내는 것! 그리고 자신이 의도한 공간에서 누군가 정확히 교감을 이루는 것을 확인하는 그 희열. 이것은 교사가 디자인한 수업이라는 공간에서 교사의 의도에 맞게 학생들의 배움이 일어나는 것을 보는 기쁨과 동일하다고 말할 수 있을 것이다.

건축가들이 만드는 건물은 외관으로 보이는 벽돌과 콘크리트 구조물만이 전부가 아니라 건축가의 고뇌와 철학과 담고 싶은 이야기가 표현된 예술작품으로 이해되어야 한다. 그래서 건물을 면밀히 살펴보아야 하고 공간을 제대로 이해하고 해석해야 한다. 교사 또한 수업을 통해 말하고자 하는 것이 다양한 교수학습 방법이나 학습지가 아니라는 것을 안다. 수업의 진정한 가치는 그 너머에 있다. 화려한 수업기술이나 언변으로 포장하는 것이 아니라 수업에 생기를 불어넣는 교사의 철학과 신념, 의미가 담겨야 한다는 사실도 제법 자각하고 있다. 그런데 그 신념을, 교사의 철학과 의도를 디자인해서 수업에 녹여내는 행위가 창조적인 작업이라는 것을 알고 그런 예술가적 관점에서 스스로를 인식하고 있는 교사가 과연 얼마나 될까? 교사의 정체성이 이런 시각으로 인식되고 세워진다면 교사로서의 자존감이 높아지고 일상의 수업에 임하는 교사들의 마음가짐도 달라지게 될 것이다. 돌아보면 스스로 만족스러웠던 수업은 교과서 내용을 그대로 가르쳤을 때보다는 수업에 대해 고민하고 내용을 재구성하거나 새롭게 디자인해서 진행했던 경우가 훨씬 더 많았다. 그 수업에 교사 자신의 숨결이 담겨있었기 때문일 것이다.

내가 정말 하고 싶은 수업이 어떤 모습인지 치열하게 고민하며 내 수업을 만들어 가고 있는가? 누군가 내게 "정말 하고 싶은 수업은 어떤 건가요?"라고 물으면 아직도 나는 선뜻 대답을 내놓지 못한 채 머뭇거리곤 한다. 남의 눈치를 살필 만큼 확신이 부족하거나 내 것이 아닌 타인의 멋진 수업을 차용하여 사진 찍기 좋은 카페처럼 전시해 놓은 것은 아니었을까? 수업에서 그런 화려한 장식이 없을 때 괜히 나 자신이 초라하고 무능력하게 느껴지지는 않았는지! 그런 허전함을 채우기 위해 연수쇼핑을 하고, 수업에 꼭 필요해서라기보다 무엇이라도 하지 않고 있으면 불안해서 이것저것 쫓기듯 배우러 다녔던 기억이 생생하게 떠오른다. 제대로 이해하지 못한 채 아이들에게 일회성 이벤트로 적용했던 소모적인 수업을 얼마나 많이 했던가? 여러 훌륭한 선생님들의 연구하는 모습, 새로운 학습 방법들이 눈에 들어오고, 이것도 알아야 하고 저것도 배워야만 할 것 같은 마음이 들 때도 있었다. 수업에 꼭 필요해서라기보다는 단지 배움에만 욕심을 냈던 것은 아닐까?

창조적인 의미를 담아 자신의 이야기를 세상에 내놓는 예술가들처럼, 어떤 이야기들이 나올지 나도 잘 모르지만 나도 내 생각과 삶이 담긴 수업을 하기 위해, 나에 대해, 내 삶에 대해, 또 내 수업에 대해 질문을 던질 필요가 있다. 또 누군가가 계속 나에게 질문을 던져주었으면 좋겠다. 그 질문 속에서 수업을 준비하며 그 질문에 답변해가는 정직한 수업을 하고 싶다.

김교사는 수업코칭연구회 수업친구 선생님들에게 수업공개를 하고 성찰중심 수업나눔을 시작했다. 인위적으로 뭔가를 애써 만들지 않고 평소 수업, 일상 수업을 그대로 보여준다는 것이 부담되었다. 내 수업을 보여주는데 이렇게 수업준비를 많이 하지 않아도 되는지 불안이 엄습해왔고 마음이 혼란스러워졌다. 준비를 안 하는 것도 마음을 힘들게 하는 일이었다. 김교사는 4학년 국어 수업을 공개했다. 교과서 이야기를 읽고 역할극을 통해 등장인물의 마음을 이해하는 수업이었다. 김교사는 계획한 수업활동들을 시간 내에 다 끝내야 한다는 부담감 때문에 아이들의 배움의 장면을 보지 못한 채 활동들을 서둘러 진행했다. 수업이 끝난 후 계획한 활동들을 다 마치지 못했다는 자책감으로 인해 스스로 망한 수업, 무능한 교사라는 생각을 떨쳐 버릴 수가 없었다. 하지만 수업친구들의 반응은 자신의 생각과 확연히 달랐다. 김교사는 자신의 일상 수업을 보고 수업나눔을 하는 과정을 통해 아이들을 향한 마음과 수업 속 신념을 발견하게 되었을 뿐만 아니라 수업 속에서 아이들에게 공간을 내주지 않는 두려움과 긴장감을 이해받고 성찰하는 시간을 갖게 되었다. 그날 수업친구들과 함께 했던 수업나눔 시간은 김교사에게 잊혀지지 않는 소중한 경험이 되었다. 일상의 수업 속에서 평소 아이들과 수업하는 자신의 모습이 진솔하게 담겨 있었기 때문에 수업나눔 또한 진실하고 의미 있는 공간이 될 수 있었다. 그 다음부터 김교사는 수업을 진행하기에 앞서 가만히 자신의 수업을 읽어보려고 한다. 그리고 자신이 준비한 활동을 다 하지 못하게 되었을 때도 아이들의 배움의 순간을 놓치지 않으려고 노력하고, 꽉 짜여진 수업보다는 아이들에게 공간을 내어줄 수 있는 수업으로 진행하고자 애를 쓰게 되었다. 그것이 아이들과의 관계형성에도 많은 도움이 되었다.

김교사의 수업 여정은 여전히 진행 중이다. 그 여정에 만난 성찰 중심 수업나눔은 자신이 원하는 수업의 모습을 찾아갈 수 있도록 도와주는 나침반과 같은 역할을 해 주었다. 지금까지 수업협의회를 통해 동료교사들이 해결방법을 제시해 준 적은 많았지만 질문을 던진 사람은 없었다. 성찰적 질문을 통해 수업을 함께 읽어가며 김교사가 어떤 수업을 하고 싶은지, 아이들과 어떻게 만나고 싶은지 해결점을 찾아갈 수 있도록 격려하고 함께 고민해 주었다. 또한 자발적으로 수업일기를 작성함으로써 자신의 수업을 객관적으로 바라보게 하고, 아이들과 수업에 대해 깊이 성찰할 수 있는 시간을 갖게 해 주었다. 분명한 것은 이 모든 과정을 교사 혼자가 아니라 수업공동체를 통해서 이루어갈 때 시너지 효과가 크게 나타난다는 사실이다. 단위학교에서 수업친구에게 수업을 공개하고, 수업에 대한 깊이 있는 대화를 나누고, 그 대화를 통해서 얻은 성찰을 바탕으로 자신의 수업을, 우리의 수업을 돌아본다면 교사 개인의 전문성 신장은 물론 학교 수업 문화 개선에도 많은 영향을 끼치게 될 것이다. 이러한 수업 나눔은 그 어떤 연수보다도 교사 성장에 실제적인 도움이 되고, 수업나눔을 통해 함께 성찰함으로써 학교 공동체의 집단적 성장을 촉진할 것이다.

교사 성장은 참으로 아름다운 말이다. 이 말에 응답하기라도 하듯이 최근 몇 년 사이에 거꾸로 수업, 비주얼 씽킹, 하브루타, 토론수업 등등 정말 다양한 교수학습 방법이 끊임없이 소개되고 있고, 수업비평, 아이 눈으로 수업보기, 배움의 공동체, 수업코칭 등 수업을 보는 다양한 시선들도 수업 혁신이라는 이름으로 실천되기 시작했다. 그뿐만 아니라 교사들이 교실 현장에서 적용한 보석과 같은 수업사례를 비롯한 선생님들의 현장 목소리를 담은 교육서적들이 홍수처럼 쏟아지고 있다. 온라인, 오프라인 교사 커뮤니티를 통해 서로 정보를 공유하는 시대에 살고 있기 때문에 지금의 교사들은 자신이 원하기만 하면 얼마든지 배우고 나눌 수 있는 갖춰진 시스템에서 생활하고 있다. 더 이상 자료가 없어서 수업하기가 힘들다는 말은 통하지 않는 시대가 된 것이다. 오히려 어떤 방법을 선택해야 할지 모를 정도로 수업 여행을 위한 길은 다양하게 만들어졌다. 그러나 교육의 춘추전국시대 혹은 교육의 르네상스 시대같이 보이는 지금도 내 수업 여정은 계속 진행형이다. 오히려 너무 다양해서 선택과 적용이 어려워 갈팡질팡하고 있다. 중요한 것은 속도가 아니라 방향이라고 말하듯이 정말 내가 원하는 수업이 어떤 수업인지 스스로 성찰하면서 내 수업 방향을 정하는 것이 중요하다. 그리고 그 방향을 찾아가는 수업 여정을 함께 해 줄 친구가 필요하다.

성찰중심 수업나눔이 매력적인 또 하나의 이유는 교사를 지식 전달자로 바라보는 것이 아니라 수업 안에서 자신의 수업을 창조적으로 디자인할 수 있는 의미 있는 존재로 인식하여 수업자를 존중해 준다는 사실이다. 성찰중심 수업나눔에서는 수업에서 교사의 주관성을 인정한다. 그 이후 김교사는 4학년 사회 '현명한 소비자'를 주제로 공개 수업을 한 차례 더 진행했다. 농촌에 살고 있는 아이들의 소비 패턴은 교과서에 등장하는 도시 아이들과 다르기 때문에 김교사는 아이들의 삶으로 들어가 수업의 재구성을 시도했다. 수업나눔을 할 때 수업친구들은 교과서 내용을 재구성한 김교사의 의도를 읽어주고 자신만의 방식으로 수업을 디자인하여 실현했던 부분에 대해 격려와 지지를 아끼지 않았다. 학급의 상황과 분위기, 교사와 학생과의 관계, 교실 문화 등이 모두 제각각 다르기 때문에 교사는 그것을 고려하고 배려해서 수업을 디자인할 수 있는 예술가적인 존재다. 성찰중심 수업나눔을 통해 수업친구가 공감해 주고 수업을 함께 읽어주었던 경험은 자신의 수업철학과 수업방법을 인정해 주는 느낌을 갖게 해 주었고 김교사는 수업에 대한 자신감을 더 가질 수 있게 되었다.

화가, 건축가, 음악가 같은 예술가들은 자신의 생각과 이야기를 나름의 독특한 방식으로 대중들에게 전달하고 표현하는 사람들이다. 그들의 작품을 감상하는 대중들을 창작물을 보고 들으며 공감하기도 하고 때론 질문을 던지기도 한다. 수업을 바라보는 관점도 그것과 다르지 않다. 교사의 예술성을 인정해 준다는 것은 수업 속에서 교사가 단순히 주어진 교육과정을 전달하는 역할에 머무는 것이 아니라 자신만의 창조적인 방식으로 수업을 의미 있게 구현해 내는 존재임을 인정해 준다는 의미이다. 그러므로 수업을 바라보는 관점 또한 변화되어야 한다. 몇 가지 체크리스트 항목으로 수업을 판단하는 평가자의 시선에서 벗어나 수업자의 창조성이 반영된 작품을 지켜보는 감상자의 시선이어야 한다. 수업자의 의도답게 수업이 구현되고 있는지 바라봐 주는 것이다. 수업나눔의 공간에서 수업자의 시선으로 따뜻하게 수업을 바라보고 공감해 주는 것은 수업나눔의 온도를 결정하는 중요한 역할로 작용할 것이다.

한 호흡

꽃이 피고 지는 그 사이를

한 호흡이라고 부르자

제 몸을 울려 꽃을 피워버고

피어난 꽃은 한 번 더 울려

꽃잎을 떨어뜨려 버리는 그 사이를

한 호흡이라고 부르자

꽃나무에게도 뻘처럼 펼쳐진 허파가 있어

썰물이 왔다가 가버리는 한 호흡

바람에 차르르 키를 한 번 흔들어 보이는 한 호흡

예순 갑자를 돌아나온 아버지처럼

그 홍역 같은 삶을 한 호흡이라 부르자

-문태준 <한 호흡>

    김교사가 자신이 원하는 수업을 찾아가는 여행길은 그리 녹록지 않았다. 수업은 몇 번의 연수로 완성되는 것이 아니다. 수업은 살아있는 생물 같아서 끊임없이 만들고 다듬어가야 하기 때문이다. 성급하고 짧은 한 호흡의 수업으로는 거듭 실망할 수밖에 없다. 꽃이 피고 지는 그 사이를, 예순 갑자를 살아 낸 아버지의 삶 전체를 한 호흡으로 바라본 시인의 시선처럼 긴 호흡을 갖고 자신의 수업 여정을 차분히 들여다보자. 교사라는 이름으로 살아내는 마지막 순간까지 수업에 대한 고민은 계속될 것이다. 예상치 못했던 상황들이 우리를 힘들게 할 때도 있겠지만 쉽게 포기하지 말기 바란다. 긴 여행을 마쳤을 때 그 여정을 다시 되돌아보면 힘들고 고달팠던 순간들도 모두 소중한 추억이 되듯이 수업 여정에서도 즐겁고 행복했던 기억은 물론 쓰리고 아팠던 기억이나 실패와 상처, 또 다시 힘을 내서 새롭게 시도했던 용기까지 모든 것이 나만의 수업을 회복하고 찾아가는 멋진 시간이었음을 깨닫게 될 것이다. 우리의 수업여행은 아직 그 끝자락이 보이지 않지만, 그 길에 함께 동참하고 있는 동료교사들과 함께 한 걸음씩 내딛는다면 결코 외롭지 않은 여정이 될 것이다.

수업 톡톡 talk! talk!

1. 요즘 나의 수업은 ▨▨▨▨▨▨▨ 다.

2. 수업공개, 수업협의회를 떠올리면 어떤 감정이 느껴지나요? 수업공
   개, 수업협의회에 대한 경험과 생각을 동료교사들과 함께 나눠봅시다.

3. 신규시절부터 지금까지 나의 수업여행에는 어떤 경험들이 있었나요?
   좋은 추억이든 아픈 경험이든 동료교사들과 함께 나눠봅시다.

2장

수업나눔
이해하기

앞장에 서술된 김교사의 이야기는 비단 김교사 혼자만의 경험은 아닐 것이다. 우리 교사들은 매일 수업으로 아이들과 만나면서 홀로 버텨내고 있는 순간이 많다. 교사에게 수업은 다른 업무와 비교하여 교실에서 홀로 감당해야 하는 역할이라 부담스럽기도 하고 잘하고 있나 답답해질 때도 많다. 수업 속에서 교사로서 존재감을 느끼며 교직생활을 하고 싶은 만큼 수업에 대한 고민 또한 깊어지지만 그것을 나눌 만한 대상이 많지 않다.

최근 다행히도 수업성장에 대한 목마름이 있는 교사들이 함께 모인 공동체가 '수업탐구공동체', '교사학습공동체' 등의 이름으로 학교 안팎에서 많이 생겨나고 있다. 이러한 흐름 속에 저자들이 속한 '좋은교사 수업코칭연구소'도 2012년부터 시작하여 수업성찰, 수업나눔을 중심으로 연구 실천을 해오고 있다.

교사가 수업 성장을 이루고 전문성을 갖기 위해서는 수업내용에 대한 탁월한 이해와 교육과정 재구성, 그리고 학생의 배움을 일으킬 수 있는 수업방법을 익히고 연구할 필요가 있다. 그러나 이러한 수업방법론과 내용재구성을 배우고 실천하는 데 주저하는 교사들이 많이 있다. 다양한 이유가 있을 수 있겠지만 우리는 교사의 내적 신념의 흔들림과 정서적 아픔이 가장 중요한 원인임을 깨닫게 되었고, 교사의 내면을 세우는 수업성찰과 수업나눔을 배우며 실천해 오고 있다. 이 장에서는 수업나눔이 구체적으로 왜 필요하고, 개념이 무엇이며, 수업성찰과 수업코칭은 어떤 관계가 있는지 함께 나누어보겠다.

왜 '수업나눔'인가?

우리가 하는 수업나눔 운동 이전에도 수업에 대한 새로운 통찰을 준 여러 흐름이 있었다.[2] 대표적으로 '수업비평', '배움의 공동체', '아이 눈으로 수업보기'가 있다.[3] 수업비평은 수업도 하나의 비평장르로 볼 수 있다는 신선한 관점을 제시하며, 예술가로서 교사의 수업의도를 중심으로 여러 비평을 시도해 왔다. 배움의 공동체는 가르침중심에서 학생의 배움의 관점으로 수업을 보는데 크게 기여하였고, 아이 눈으로 수업보기는 한 아이의 관점으로 수업을 보는 시각을 교육인류학적으로 제시하여 수업을 보는 관점을 더욱 풍성하게 해 주었다.

이러한 새로운 수업보기운동은 우리의 수업나눔 운동에도 많은 영향을 주었다. 우리나라 수업운동에 있어 앞서 말한 흐름의 선구자인 이혁규 교수, 사토마나부 교수, 서근원 교수는 아주 큰 역할을 했다.

그러나 이 운동들은 교사들의 내면에 대해서는 크게 관심을 갖지 않았다. 우리는 이 운동들을 기초로 교사들의 내면을 다루고, 실천적으로 수업에 대해 나누며 성장하는 모델이 필요함을 느끼고 수업 나눔을 탄생시켰다. 수업나눔이 필요한 이유는 기존에 공개수업이나 연구대회 등의 일회성에 지나지 않는 수업연구를 넘어 지속적으로 수업에 대해 성찰하고 수업을 새롭게 디자인하고 실행할 수 있는 힘을 얻는 것이 중요하기 때문이다.

수업이 학교 교육의 실질적인 모습이거늘 우리는 왜 이토록 수업을 감추고만 있을까? 사실 수업성장에 대한 간절함과 수업전문성에 대한 깊은 갈증을 느끼는 교사가 아주 많다. 필자는(김효수) 2014년과 2015년 휴직하고 좋은교사 수업코칭연구소 상근자로 활동한 적이 있다. 그때 내가 가장 놀란 사실 중 하나는 수업성장을 위해서 본인의 수업을 공개하여 제대로 된 피드백을 받고 싶어 하는 교사가 너무나 많다는 것이었다.

나 또한 그러한 교사였다. 교사 발령 후 여러 차례 공개수업과 수업협의회를 경험했지만 제대로 된 피드백을 받았다고 느낀 적은 별로 없었다. 십여 개의 체크리스트를 가지고 형식적인 칭찬과 지적이 오가는 자리였을 뿐이다. 물론 여러 피드백 중에 내 마음에 와 닿는 부분도 있었지만, 대부분은 그렇지 못했다. 오히려 많은 지적에 상처를 받았다고 말하는 것이 더 솔직한 표현이다. 이것이 비단 나만의 경험일까? 수업장학, 수업평가, 수업컨설팅, 컨설팅장학이라는 이름으로 행해지는 기존 수업협의회의 경험이 우리로 하여금 수업을 여는 데 주저하게 하는 건 아닐까?

기존 수업협의에서 오가는 대화는 이런 식이다. "학습목표가 관찰가능하게 '~할 수 있다'로 명시적으로 쓰여 있어야 하는데 그렇지 못했어요. 또 아쉽게도 공개수업이면, 파워포인트보다는 칼라로 출력해서 칠판에 붙여 놓았으면 좋지 않았을까요?" "시간안배가 아쉬워요. 활동이 길어지다 보니 형성평가, 차시예고를 하지 못했어요. 적절한 시간안배를 계획하면 더 좋은 수업이 될 듯합니다." 이처럼 겉으로 드러난 수업행위, 그 중에서도 체크리스트 항목 중심으로 이야기하고 끝나는 경우가 많았다.

교수 · 학습 참관표							
교수학습반	학교 제 ( )학년 ( )반		교사명				
수업교과		지도단원	일시		201 . . ( )교시		
구분 단계	심사착안사항		매우 우수	우수	보통	미흡	매우 미흡
수업 도입	수업 목표가 구체적이고, 명료한가?						
	수업 설계가 학습 내용을 충실히 반영하고 있는가?						
	수업 자료 및 자원을 활용하고 있는가?						
	학생의 교과에 대한 태도 및 흥미를 파악하고 있는가?						
	수업 내용을 분명한 어조와 발음으로 전달하는가?						
전개	목소리의 크기와 말하는 속도는 적절한가?						
	교사의 태도가 안정되고 자신감이 있는가?						
	학생의 질문에 성의 있고 적절하게 대답하는가?						
	학생들의 수준을 고려한 수업을 하고있는가?						
	흥미로운 질문으로 내적 학습동기를 자극하는가?						
	칭찬, 보상 등을 활용하여 외적 학습 동기를 자극하는가?						

이러한 수업협의회 장면을 떠올리면 '빙산의 일각'만 이야기 하고 있다는 느낌을 지울 수 없었다. 수업은 과연 체크리스트 항목에 있는 요소를 갖추는 것만으로 충분할까? 겉으로 드러난 빙산의 수면 아래에 엄청난 빙산이 감추어져 있는 것처럼 수업에 드러난 행위 이

면에 수업자의 고민, 신념, 철학, 정서 등이 감추어져 있는 것은 아닐까? 그뿐이 아니다. 학생의 인지과정, 정서, 문화, 관계성, 나아가 교사와 학생이 만나는 상호작용의 모습, 학교문화, 교실문화 등등 수없이 많은 보이지 않는 요소들이 수업에 녹아 있다. 그러나 우리는 이 모든 것을 무시한 채 좋은 수업의 기준을 설정하고 객관적이고 과학적으로 분석하고 협의하는 방식으로 수업을 평가하고 또 평가 받아왔다.

이러한 이유로 공개수업을 하는 교사는 체크리스트의 항목에 따라 전시학습확인 → 동기유발 → 학습목표 제시 → 본시 학습 강의 혹은 활동 → 정리→ 형성평가 → 차시예고의 단계를 반드시 지키려고 한다. 뿐만 아니라 일상의 수업과 달리 한 차시에 도입-전개-정리의 완결성을 맞추려고 애를 쓴다. 그렇게 함으로써 수업이 함의하는 복잡성, 총체성을 놓치게 되고, 교사는 표준화된 틀에 수업을 맞춤으로써 창의적인 실천에 대한 고민의 여지를 상실하고 만다.

예전에 '아이들의 경험 나누기'로 한 차시가 오롯이 채워진 수업을 본 적이 있다. 체크리스트 방식으로 그 수업을 보면 지적할 사항이 한두 가지가 아니었겠지만, 아이들이 단원의 주제에 대해 깊이 동기부여 되고 배움의 몰입이 참으로 인상적이었던 수업이었다. 한 차시가 단원에서 갖는 의미를 깊이 생각하고 수업을 기획하며 디자인할 수 있는 전문성이 체크리스트 중심으로 수업을 평가하는 문화에서는 작동하기 어렵다.

수업은 객관적이고 분석적인 틀을 가지고 협의해야 될 고정된 실체가 아니다. 수업은 교사와 학생이 만나는 장(場)이고, 진리를 찾아가고 탐구하는 여정이며, 함께 웃고 울며 성장하는 소중한 삶을 만들어가는 역동적인 공간이다. 교사들은 아프다. 나 역시 차가운 관료적인 교사문화 속에, 깊이 소통하지 못하는 아이들과의 관계 속에서, 또 교육의 지향성을 온전히 펼칠 수 없는 교육여건과 나의 한계 때문에 아파왔고, 지금도 아프다. 수업 속 두려움과 자기 내면의 아픔은 수업에 반영되어 나타난다. 교과지식을 전달하는 과정을 넘어 지식을 통해 교사와 학생이 만나고 상호작용하는 차원으로 수업이 이해된다면 분명 수업방법이나 수업내용을 넘어선 이야기가 있어야 한다.

그러기에 수업은 나눔의 대상이다. 공개된 한 수업에 드러난 행위에 대해 몇 가지 잣대로 재단하는 요식적 행위를 버리고 한 차시 수업 속에서 이루어지고 있는 교사와 학생과 수업내용이 서로 만나는 모습과 이 수업에 이르기까지 수업자가 걸어온 삶을 탐험하는 마음으로 서로 질문하며 성찰하고 나누어야 한다. 유명한 교육철학자 마르틴부버는 "모든 참된 삶은 만남"이라고 말한다. 그는 사람과의 만남을 '나-그것'의 만남으로 대상화하지 않고 그 사람을 한 존재로 만나는 '나-너'의 만남으로 회복됨을 주장한다. 수업을 그 자체로 대상화하지 않고 교사와 아이들의 삶의 흔적, 즉 존재와 존재로 만나는 새로운 관점으로 수업을 바라보게 한다.

이처럼 전환된 관점으로 '수업협의'란 용어를 재검토할 필요가 있다고 생각했다. '수업협의'라는 용어는 수업에 대해 서로 협의한다는 공식적이고 행정적인 느낌을 피할 수 없다. 또한 수업을 객관화하고 분석적으로 대상화하고 있다는 의미를 내포하고 있다. 그러기에 수업협의회를 통해서는 자신을 온전히 드러내지 못하고 서로 가면을 쓰는 상황이 연출될 수밖에 없다. 이러한 '수업협의'에 대한 경험과 용어에 대한 문제의식이 제기되면서 우리는 수업협의라는 용어 대신 성찰중심 수업나눔이란 용어를 사용하여 새로운 수업보기 운동을 시작하게 되었다.

그렇다면 기존의 수업협의와 성찰중심 수업나눔은 무엇이 다를까? 수업협의는 교사를 숙달된 기술자로 보고 수업을 과학, 기술적으로 교사의 수업행위 중심으로 평가하는 관점이 강하다면, 수업나눔은 교사를 성찰적 실천가로 보고 수업을 예술적, 실천적, 총체적으로 이해하는 관점이다. 기존의 수업협의가 수업자를 객체로 보고 여러 가지 좋은 수업을 기준 삼아 그 틀에서 벗어난 부분에 대해 처방하는 접근 방식이라면, 성찰중심 수업나눔은 수업자를 주체로 보고 자기만의 신념을 가진 수업에 대해 이해하고 격려해 주며 스스로 의도된 배움이 잘 이루어지지 않은 부분을 돌아보며 도전할 과제를 찾는 성찰적 접근 방식이다.

수업에서 교사는 가장 중요한 존재로 서야 한다. 이 말은 교사 중심 수업이 옳다는 것이 아니라 학습자의 배움을 위해서라도 교사의 자기 성찰이 중요하다는 논지이다. 교사가 자신의 빛깔을 잃은 채 주어진 교육과정을 전달하는 기술자의 역할만 자처한다면, 교사의 수업전문성 성장은 더딜 수밖에 없다. 이러한 새로운 수업전문성에 대한 이해를 바탕으로 기존의 수업협의회 방식을 수업자의 수업성찰을 돕는 수업나눔의 방식으로 전환해야 한다.

　이외에도 수업을 보는 성격, 관점, 참관자의 역할, 진행 절차 등에서 기존의 수업협의와 성찰중심의 수업나눔에는 많은 차이가 있다. 이를 아래와 같이 도표로 정리해 보았다.

수업협의와 수업나눔 비교

구분	기존의 '수업협의'	성찰중심 '수업나눔'
수업전문성의 이해	숙달된 기술자	성찰적 실천가
수업의 성격	기술적, 과학적, 평가적, 양적, 일시적, 객관적- 수업의 외적 측면에 주목	예술적, 실천적, 이해, 질적, 장기적, 주관적- 수업의 내적 측면에 주목
수업을 보는 관점	체크리스트 방식(양적방법)의 표준화, 객관화된 틀로 분석(교사의 주관성 불인정)	질적 방법으로 수업자의 고민의 관점에서 수업 속의 의미 있는 지점, 의문 나는 지점을 살피기(교사의 주관성 적극 수용)
수업을 보는 주요 부분	수업목표 달성도, 교사의 발문, 수업의 조직, 교수매체 활용, 평가 등	교사의 신념(의도), 학생들의 배움의 양상 (학습의 과정), 교사-학생, 학생-학생간의 상호작용(관계), 교사와 학생의 정서
방향	내용중심	과정(경험)중심 + 내용중심
참관자 역할	문제해결자, 분석자, 평가자	이해자, 공감자, 동행자
사회자 역할	진행자, 타임키퍼	안내자, 주도권을 갖고 수업자의 성찰의 흐름을 보고 참관자 발언의 기회를 줌.
수업개선 모델	처방모델	성찰모델
진행절차	1. 개회사 2. 수업자평 3. 참관자 의견발표 4. 전문가 지도조언 5. 총평 순으로 진행됨	1. 교사의 문제의식, 수업의 맥락과 상황 등 파악(수업자의 시선갖기) 2. 소그룹으로 수업에 대한 대화 3. 수업의 의미 찾기(공유 및 대화) 4. 수업자의 관점에서 고민에 머무르기 (성찰적 질문 후 대화) 5. 수업나눔 정리하기 (깨달음 나누기) 순으로 진행됨

출처_ 김효수(2015) 좋은교사 11월호 수정

이렇게 기존의 수업협의와 다른 성찰중심 수업나눔은 수업에 대한 새로운 관점을 갖게 하고, 수업의 본질을 찾아갈 수 있도록 도와주며, 좋은 수업이 아닌 내 수업을 고민하는데 중요한 역할을 해 줄 것이다.

최근에는 협동학습, 프로젝트수업, 토의토론수업, 거꾸로교실, 하브루타, 비주얼씽킹 등 수업혁신운동이 엄청나게 확산되고 있는 추세이다. 이러한 흐름은 너무나도 바람직한 현상이며 교육의 변화에 많은 유익을 주고 있다. 그러나 이러한 트렌드를 맹목적으로 받아들이고 부지런히 쫓아다니며 배우는 일부 교사들의 모습을 보고 있노라면 우려하는 마음이 드는 게 사실이다. 그동안 수업나눔을 통해 자신과 수업에 대한 내면화 없이 유행하는 수업모델을 적용하며 힘들어 하는 사례를 종종 목격하곤 하는데, 수업성장모델을 마치 철로모델로 이해하고 있기 때문인 듯 하다.

철로는 한 길이다. 그러므로 철로에는 먼저 기차를 타고 출발해서 앞서가는 사람과 뒤따라가는 사람이 존재하기 마련이다. 그래서 거꾸로 교실 철로, 배움의 공동체 철로에서 '저 사람은 저만큼 앞서 갔는데, 나는 뭐하는 거지?'라며 조바심을 느낀다. 그렇지만 좋은 수업을 향한 우리의 여정은 철로모델보다는 항해모델과 더 유사하다고 할 수 있다. 여기에서 항해는 큰 범선이 아닌 돛단배를 타고 노를 저어가는 여정을 말한다. 물론 목적지는 있다. '배움의 기쁨이 넘치는 수업'이라는 목적지를 향해 노를 저어가며 파도의 결에 맞게 앞으로 나아가는 것. 때로 폭풍우를 만나면 조금 돌아가고, 힘들면 잠시 쉬어

가기도 하면서 자기 에너지에 맞게 전진해 가는 것이다.

좋은 수업이란 정해진 답이 있는 것이 아니다. 물론 좋은 수업이 갖고 있는 조건들을 상정할 수는 있겠지만, 남이 규정한 것을 당위로 받아들이고 자신의 수업을 남이 정해 놓은 기준에 끼워 맞추기보다는 나에게 맞는 수업을 치열하게 고민하며 찾아보자. 이러한 관점에서 던지고 싶은 메시지가 있다. "좋은 수업을 하려 하지 말고, 내 수업을 하자."

내가 정말 하고 싶은 수업, 나에게 맞는 수업방법에 대해 고민하며 성찰하는 과정이 반드시 필요하다. 다양한 수업모델을 배우더라도 그것을 왜, 어떻게 사용하고 싶은지 주체적인 고민이 있어야만 그것을 내 것으로 받아들일 수 있다. 다시 말해 교사 전문가로서 나다운 수업을 찾아가는 여정인 수업성찰의 경험이 많을수록 그 여정이 훨씬 의미 있다는 말이다.

하지만 혼자서 자신의 수업에 대해 성찰하는 것은 쉽지 않으며 한계가 있다. 수업나눔이 필요한 이유가 바로 여기에 있다. 수업나눔은 혼자서는 하기 힘든 수업성찰을 수업친구들과 함께 하면서 수업에 대해 같이 고민하고 새롭게 도전할 수 있는 에너지를 공급하는 촉매제가 되기 때문이다. 그렇다면 수업성찰과 수업나눔은 구체적으로 어떤 차이가 있는지, 최근 수업코칭과는 또 어떤 차이점이 있는지 살펴보기로 하자.

수업성찰, 수업코칭, 수업나눔의 관계

수업성찰과 수업코칭과 수업나눔은 어떤 관계가 있을까? 이 세 가지 용어의 개념을 쉽게 설명하기 위해 그림으로 표현해 보았다. 수업성찰이 가장 넓은 개념이고, 그 안에 수업코칭, 다시 그 안에 수업나눔이 있다.

먼저 수업성찰(省察)이란 수업자가 수업 속의 자신의 마음과 생각을 돌아보는 것이다. 문제의 원인을 대상이나 타자에게 찾으려고 하면 성찰이 일어나지 않는다. 자기 안에서 자신의 문제를 스스로 들여다보는 성찰이 있어야 좀 더 자발적인 변화의 힘이 생기게 된다.

수업자가 자신의 수업의 내면을 본다는 것은 교사의 정서적 감정을 읽는 것을 넘어서서 교사와 학생과 수업내용이 인지적, 정서적으로 어떻게 상호작용하고 있는지를 살피는 과정이다.

수업자가 스스로 자신의 수업을 성찰한다는 것은 쉬운 일이 아니다. 수업자가 수업의 진행 속에 몰입되어 있으면서 교사 자신의 인지적 정서적 흐름을 알아차리는 데는 한계가 있기 때문이다. 나아가 학생의 배움의 상황, 인지, 감정의 흐름을 알기는 더더욱 어렵다. 교사 내면의 불편함은 인식할 수 있겠지만 꺼내서 직면해보지 않으면 그 실체가 무엇인지 알기 어렵다. 간혹 자기성찰지능이 뛰어난 사람들 중에는 타인의 도움 없이 스스로 깨달아 수업성찰일지(반성적 저널, reflective journal)를 쓰면서 자신의 의도와 배움의 상황 불일치, 다음의 도전과제 등을 깨닫기도 하지만 이 또한 한계가 있다. 그러므로 수업에서 내가 미처 놓치고 있는 부분을 성찰하도록 도움을 주는 수업코칭이 반드시 필요하다.

두 번째로 수업코칭은 두 사람 이상을 전제로 한 개념으로 수업성찰을 위한 조건이라는 의미에서 수업성찰보다 작은 개념으로 볼 수 있다. 어휘의 정확한 이해를 돕기 위해 코칭의 사전적 의미를 먼저 확인해 보겠다.

@1. 코칭(두산백과)

코칭은 개인의 목표를 성취할 수 있도록 자신감과 의욕을 고취시키고, 실력과 잠재력을 최대한 발휘할 수 있도록 돕는 일을 의미한다. '코칭(coaching)'이라는 용어는 커다란 사륜마차를 가리키는 '코치(coach)'로부터 비롯된 것으로, 사람을 목적지까지 운반한다는 의미에서 목표점에 다다를 수 있도록 인도한다는 의미로 변화하였다. 풍부한 경험과 지식으로 지표를 제시해주는 멘토링(mentoring)이나 지식을 전달해주는 티칭(teaching), 상담과 조언 역할을 하는 카운슬링(counseling)과 달리 **코칭은 계약관계로 맺어지고, 개인의 변화와 발전을 지원하는 수평적이고 협력적인 파트너십에 중점을 둔다.**

@2. 코칭 [coaching] 위키백과

코칭(Coaching)은 인재 개발 기법의 하나로서, **코치와 코칭을 받는 사람이 파트너를 이루어, 스스로 목표를 설정하고 효과적으로 달성하며, 성장할 수 있도록 지원하는 과정이다.** 코칭은 고객이 스스로 목표를 설정하고 달성하도록 돕는다. 그 과정에서 경청과 질문이 중심이 되는 대화를 주요 도구로 사용한다. **코치는 고객이 자신의 자원을 사용해서 스스로 해결책을 찾도록 적절한 경청과 질문을 사용한다.**

종합하면, 코칭은 전문적이지만 수평적 관계의 코치가 코칭 받는 사람과 파트너를 이루어 코칭받는 사람이 스스로 목표를 설정하고 달성하며 해결책을 찾도록 적절한 경청과 질문으로 돕고 지원하는 프로그램이라 할 수 있다. 좀 더 세부적으로 수업코칭은 일반적인 코칭에서 교사의 수업을 주제로 다루는 분야라고 할 수 있다. 그래서 위의 정의를 수업코칭에 대입하면, 수업코칭은 전문적이고 협력적인 수업코치가 수업자와 파트너(친구)를 이루어 수업자가 스스로 수업의 목표를 설정하고 달성하며 해결책을 찾도록 적절한 경청과 질문으로 돕고 지원하는 프로그램이다. 이때 스스로 목표를 설정하고 달성하며 해결책을 찾아가는 과정을 성찰이라 할 수 있다. 그러므로 수업코칭과 수업성찰과의 관계를 정의 내려 보면 "수업코칭은 수업코치가 수업자의 수업성찰을 돕는 체계적 프로그램이다."[4] 라고 할 수 있다.

마지막으로 '수업나눔'은 수업코칭 프로그램의 일부로, 공개 수업 후에 수업친구와 수업자가 서로 수업에 대해 이야기 하는 과정을 의미한다. 기존에는 이 과정을 수업협의회, 수업연구회, 수업검토회, 수업대화 등등 많은 이름으로 불러왔지만 수업의 성격을 적용하여 수업나눔이라는 용어를 선택하게 되었다. 수업나눔은 협의의 개념으로는 공개수업 후에 수업에 대하여 이야기를 나누는 시간을 뜻하고, 광의의 개념으로는 수업 공개 없이도 좋은 수업의 사례 발표를 하고 기부한다는 의미로 이해할 수 있다. 이 책에서는 협의의 개념으로써의 수업나눔에 대해 이야기하고자 한다.[5]

수업나눔은 수업코칭의 꽃이라 부를 수 있을 만큼 가장 핵심적인 요소인데, 수업코칭의 절차는 아래 그림처럼 수업 전, 수업 중, 수업 후의 과정에 따라 다음과 같이 나눌 수 있다.

수업코칭의 절차 모형 (이규철, 2016)

수업코치	수업 전 '수업 탐색'	수업자
수업자 인터뷰		수업 전 성찰지 작성
수업코치	수업 중 '수업 보기'	수업자
수업 관찰		자발적 수업 공개
수업코치	수업 후 '수업나눔'	수업자
수업자에게 성찰적 질문하며 안내하기		수업코치와 대화하며 자신의 수업성찰하기
수업코치	수업나눔 이후	수업자
수업 편지 작성		수업 후 성찰지 작성

이 도표는 각각 수업 탐색 - 수업 보기 - 수업나눔으로 이어지는 과정이다. 수업 전에는 수업자의 고민이 무엇이며, 오늘 공개한 수업의 의도가 무엇인지 등을 파악하는 수업 탐색 과정이 진행된다. 수업 중에는 수업코칭의 관점에서 수업 보기를 하고, 수업 후에는 수업자와 대화를 나누는 수업나눔으로 마무리 된다.

정리하면, 수업자가 자신의 수업을 돌아보는 수업성찰이 가장 넓은 개념이고, 수업성찰을 돕기 위해 체계적으로 만든 프로그램이 수업코칭이고, 수업코칭의 일련의 과정에서 공개수업 후의 대화 과정이 수업나눔이다.

수업 톡톡 talk! talk!

1. 수업나눔의 필요성에 얼마나 공감하시나요?

2. 혼자서 자신의 수업을 성찰한 경험이 있거나 수업코칭, 수업나눔의 경험이 있으신 분은 함께 나누어 봅시다.

3장

수업 나눔
실천하기

지금부터 우리는 수업나눔의 필요성과 개념을 바탕으로 수업나눔을 어떻게 하는지 구체적인 방법에 대해 살펴볼 것이다. 이때 우리는 한 가지 의문을 제시할 수 있다. 수업나눔은 경청과 공감의 태도로 수업친구(코치)가 수업자와 대화하는 것이 중요한데 이 과정에서 반드시 따라야 할 절차가 필요할까? 수업자와 수업코치가 일대일로 수업나눔을 할 경우에는 특별한 절차 없이 수업자의 고민을 진지하게 듣고 질문을 하는 과정으로 진행할 수 있지만, 수업자와 수업친구 여러 명이 특별한 절차 없이 대화를 진행했을 때 흐름이 끊어지는 것을 여러 차례 경험한 바 있다. 예를 들어 수업나눔 안내자[6]가 수업자의 수업에 대한 의미를 찾아주는 부분을 진행하고 있는데, 수업친구 중 한 선생님이 갑자기 수업에 대해 궁금한 점을 질문하면 수업자가 답변에 치중함으로써 성찰의 흐름이 방해받는 상황이 발생한다. 이런 경험을 통해 여러 명이 수업나눔을 할 때는 수업나눔의 철학을 지켜가면서 수업자의 수업성찰을 최대한 도울 수 있는 수업나눔 프로세스가 필요함을 깨닫게 되었다.

수업나눔 프로세스

2012년부터 수업나눔을 하면서 흐름에 따라 단계를 나누고 각 단계별 용어를 만들고 몇 번의 수정을 통해 아래와 같은 수업나눔 프로세스가 만들어지게 되었다.[7]

수업나눔 프로세스

이 프로세스는 앞으로도 지속적인 수정보완이 가능하며 수업나눔의 규모, 관계성, 초점을 두는 사항에 따라서 다양한 모델로 전환될 수 있다. 현재까지 개발하여 널리 쓰고 있는 수업나눔 프로세스를 중심으로 이야기 해 보고자 한다.

앞에서도 언급했듯이 이 프로세스는 반드시 순서대로 지켜져야 하는 선형적인 절차는 아니다. 다만 수업나눔을 처음 시작할 때와 다양한 선생님들이 참여하는 경우에는 이 프로세스로 진행하는 방법을 권장한다.

수업나눔을 하는 방식에는 크게 두 가지가 있다. 첫 번째는 공개수업을 직접 보고 바로 수업나눔을 하는 것이고, 두 번째는 수업을 촬영한 후 별도의 시간에 모여서 촬영한 수업영상을 본 다음 수업나눔을 하는 것이다. 공개수업을 직접 보는 방식은 생생한 수업을 직접 관찰한다는 장점이 있지만, 수업나눔 참여자가 모두 수업을 참관하기가 어렵고 수업자나 수업나눔 안내자가 수업영상을 보면서 수업을 복기해 보고 질문을 준비할 시간이 없다는 것이 단점이다.

수업 촬영영상으로 수업나눔을 하는 방식은 수업자와 수업나눔 안내자가 준비할 시간을 가질 수 있고 수업영상을 보기 전에 수업자의 이야기를 충분히 듣고 수업을 볼 수 있다는 장점이 있다. 그러나 실제 수업이 아닌 영상으로 본다는 한계 때문에 수업을 현장감 있게 느끼지 못한다는 단점이 있다.

이러한 장단점을 참고하여 학교 상황에 적절한 방식으로 수업나눔을 진행하면 된다. 이해를 돕기 위해 중학교 한문교사 김영미 선생님(가명)의 촬영한 수업영상을 보고 수업나눔한 사례를 들어 수업나눔 프로세스에 대해 구체적으로 알아보고자 한다.

1단계 : 이해 – 수업자의 시선 갖기

수업나눔의 1단계는 수업자의 시선 갖기, 즉 이해 단계이다. 수업 나눔을 진행하는 수업나눔 안내자와 참관자(수업친구)들은 각자 자신만의 수업을 보는 틀을 가지고 있다. 자신의 틀을 내려놓고 수업자의 시선을 가지기 위해서는 이 단계가 매우 중요하다. 성찰중심 수업나눔에서는 수업자를 이해하기 위해서 수업공개 지도안 대신에 수업나눔 전 성찰지를 작성하게 한다. 이 성찰지는 수업을 공개하기 전에 수업자가 미리 작성한 후 복사해서 공개수업을 할 때 수업친구들에게 나눠준다. 수업친구와 수업나눔 안내자는 이 성찰지를 읽어보면서 수업자의 수업의도와 고민 등을 미리 파악하고 수업자의 관점에서 수업을 본다. 이 과정부터 이해단계는 시작된다고 볼 수 있다.

수업나눔을 할 때 이해단계에서는 수업자에게 수업 후의 느낌, 수업의 의도, 신념, 교사-학생들과의 관계, 교실문화, 지역적 특성, 고민과 아픔 등 수업의 맥락과 수업자의 마음을 충분히 말할 수 있도록 안내자는 질문 하고 수업친구들은 공감하는 마음으로 경청한다.

이 단계를 통해 수업자는 수업친구들로부터 이해를 받으며 심리적인 안전지대를 형성할 수 있고, 자신의 수업에 대해 편안한 마음으로 다른 이에게 말할 수 있는 여유를 갖게 된다.

수업나눔 안내자와 수업친구들도 수업자의 이야기를 충분히 들으면서 수업자의 시선으로 수업을 보게 되고 수업의 의미를 찾고 수업자의 고민에 함께 머무를 수 있게 된다.

한문 김교사의 수업나눔 전 성찰지 실제기록 예시

김교사의 성찰지에서 확인할 수 있듯이 기존의 공개수업지도안과 다른 점은 수업의 내용과 흐름은 간략하게 제시된 반면, 지도안에 없는 수업자의 수업의 의도와 고민들이 드러나 있다는 사실이다. 실제로 성찰지를 작성한 많은 교사들이 수업의 의도, 관계, 학생의 배움의 상황, 고민 등을 기록하면서 이미 수업을 성찰하게 되는 효과가 있다고 고백한다. 김영미 선생님의 경우, 한문수업을 통해 한자학습에 머무르지 않고 올바른 가치관 형성과 인성에 도움을 주고 학습자 중심으로 수업하고 싶은 고민이 있음을 성찰지를 통해 확인할 수 있다. 뿐만 아니라 주의 깊게 살펴보아야 할 학생들까지도 인지시켜주고 있다. 이렇게 수업나눔 전 성찰지를 읽고 관찰자의 관점이 아닌 최대한 수업자의 의도와 고민의 관점에서 바라보면 수업을 좀 더 새롭고 다양하게 볼 수 있게 된다.

그럼에도 불구하고 나의 틀을 내려놓고 수업자의 시선으로 수업나눔을 하는 것은 결코 쉬운 일이 아니다. 그래서 공개수업을 마친 후 수업나눔을 시작할 때 수업나눔을 위한 10가지 약속을 함께 읽는다. 이 약속에는 수업나눔의 철학이 잘 드러나 있으며 관찰자의 평가가 아닌 수업자의 성찰을 돕기 위해 마음을 모으고 준비하는 역할을 한다.

수업나눔 10가지 약속

1 수업방법이 아니라 수업자 내면의 삶을 나눕니다.

2 나의 틀을 내려놓고 수업자의 시선으로 갑니다.

3 '너'의 수업이 아니라 '우리'의 수업이야기를 함께 나눕니다.

4 수업자를 평가하지 않고 수업자의 삶을 격려·지지합니다.

5 수업자를 가르치는 것이 아니라 수업자가 성찰하도록 돕습니다.

6 수업의 빠른 변화가 아니라 수업의 꾸준한 성장이 목적입니다.

7 수업자를 앞서가지 않고 수업자와 공감하며 동행합니다.

8 나의 궁금함을 해결하는 것이 아니라 수업자의 고민에 머무릅니다.

9 수업자의 문제를 해결하기보다는 나의 수업을 깊이 성찰하려 합니다.

10 수업으로 서로를 위로하며 수업공동체를 만들기 위해 노력합니다.

수업촬영 영상을 보고 수업나눔을 하는 경우라면 수업촬영 영상을 보기 전의 이해단계와 영상을 보고 난 후의 이해단계에 대한 대화 과정이 필요하다. 김영미 선생님 사례를 중심으로 이해 단계에서 어떤 대화가 오갔고 그 대화는 어떤 과정과 의미를 담고 있는지 살펴보겠다.

> **안내자** 지금 기분이 어떠세요?
>
> **수업자** 막상 수업을 공개하려고 하니 떨리네요.
>
> **안내자** 어떤 떨림인지 궁금합니다.

수업자	좀 부끄러워요. 제 수업을 제가 보려고 해도 부끄럽던데 선
	생님들과 같이 보는 자리니 더 부담스럽고 더 부끄럽네요.
안내자	부담스럽고 부끄러운 마음이 있으시군요.

위 대화처럼 이해단계에서는 수업자의 현재의 감정을 파악하는 질문으로 시작하는 경우가 많다. 인지적인 질문으로 바로 들어가지 않고 정서적인 접근으로 수업자의 감정을 듣고 그것에 대해 공감해 줌으로써 긴장감 해소와 수업나눔 안내자에 대한 정서적 거리를 좁히는 역할을 할 수 있다.

처음에 수업나눔을 안내할 때는 이 단계에서 수업자들이 긴장감이나 아쉬움만 이야기할 줄 알았는데, 부담감, 불편함, 시원함, 기대감, 편안함 등 다양한 감정을 표현하는 수업자들을 만나면서 놀라기도 했다. 이 감정들은 공개수업에 대한 수업자의 만족도, 또는 수업나눔에 참여하는 동료교사들과의 관계와 그에 따른 정서적 상태 등과 연관되어 있음을 알 수 있었다. 이는 수업나눔 안내자가 대화를 이끌어 가는 데 단초가 될 뿐만 아니라 수업자의 감정의 시작점을 알고 감정선의 변화를 알아차리는 데도 중요한 역할을 한다.

수업자의 현재 감정에 대한 대화 이후에는 수업나눔 전 성찰지 내용을 중심으로 수업나눔 안내자가 묻고 수업자가 대답을 하는 형식으로 진행한다. 성찰지는 수업공개 전에 작성한 것이고 실제 공개수업에서 달라진 부분도 있을 것이고 수업자가 스스로 답을 하면서 수업을 성찰하게 되기 때문이다. 이 과정을 통해 수업친구들도 수업자를 훨씬 더 깊이 이해할 수 있게 되고 수업자의 이야기를 들으면서 궁금한 부분이 있다면 질문해도 된다. 이때 주의해야 할 것이 있다. 수업나눔에 익숙하다면 수업친구들이 돌아가면서 질문해도 되겠지만, 아직 낯선 경우에는 이야기의 흐름이 끊길 수 있는 질문을 할 수도 있고 이해를 위한 질문보다는 판단하는 질문이 나올 수 있기 때문에 수업나눔 안내자가 주도적으로 질문한 후에 수업친구들에게 안내자가 빠뜨린 질문을 할 수 있는 기회를 제공하는 것이 좋다.

실제 김영미 선생님의 경우, 수업나눔 이해단계에서 수업나눔 안내자의 질문들을 살펴보면 성찰지 내용을 기본으로 하고 있음을 알 수 있다. 수업나눔 안내자는 수업나눔 전 성찰지에 기록되어 있는 내용, 즉 수업의 의도, 학급상황, 주의 깊게 관찰해야 되는 학생, 평소 수업 고민 등을 질문하며 이야기를 나누었다.

안내자	오늘 수업에서 특별히 의미를 두었거나 강조하고 싶은 부분이 있으셨나요? (수업의 의도)
수업자	한자가 구성된 원리도 중요하지만 그것을 다 설명할 수 없어서 저는 뜻이 2개인 것만 골라서 설명했습니다. 제가 추구하는 수업은 현실적이었으면 좋겠다는 생각을 많이 해요. 한문은 옛것인데 지금 어떤 의미를 가지고 있고, 지금 왜 옛것을 배워야 하는지 아이들 안에서 확인되었으면 좋겠다는 생각을 많이 해요. 옛사람들의 지혜가 지금 어떻게 적용되고 있는지 아이들이 알았으면 좋겠습니다.

안내자	이 학급은 어떤 성향의 반인가요? (학급, 학생에 대한 인식)
수업자	활발하고 적극적인데 한두 명이 엉뚱하기도 하지만 재미있게 해줘요. 카메라 때문인지 아이들이 평상시보다 오늘 수업을 더 잘 한 것 같아요.
안내자	평상시 수업에 대한 생각이나 고민은 무엇인지요? (평상시 수업고민)
수업자	좀 재밌고 즐겁고 유익한 수업이 되었으면 좋겠다는 생각이 평소 생각이고요. 수업을 찍고 나니 다른 사람들이 봤을 때 지루하지 않았을까 하는 생각이 들어요. 아이들은 한없이 외우고 저는 설명을 반복해야 하니까요.
안내자	선생님은 어떻게 느껴지셨어요?
수업자	저는 수업이 빨리 지나가는 느낌이었어요.
안내자	아이들의 태도는 평상시와 같았나요?
수업자	비슷한데 평상시보다 조용했어요. 웃기는 아이들이 별로 웃기지 않더라구요.

수업나눔을 통해 수업자가 해결 받고 싶어 하는 부분에 대해서는 특히 관심을 갖고 자세히 다루는 것이 좋다. 수업나눔의 주인공은 수업자이다. 그러므로 관찰자의 입장이나 전지적인 입장이 아닌 수업자의 입장으로 수업을 바라보고 수업자의 수업 세계로 들어가야 한다. 그러기 위해서는 수업자의 시선을 갖고 초점화된 고민 중심으로 수업을 보고 나누는 과정이 중요하다.

공개수업 장면　　　　　　　　　　　공개수업 후 수업나눔 장면

　　김영미 선생님이 수업나눔을 통해 해결하고 싶어하는 부분에 대해 다음과 같이 나누었다.

안내자　오늘 수업나눔을 통해 꼭 같이 나누고 싶은 이야기가 구체적으로 무엇일까요? (수업나눔 해결하고 싶은 부분 초점화)

수업자　어떻게 하면 재밌게 수업할 수 있을까? 학습자 중심 수업으로 가는게 어렵게 느껴지는데 그것에 대한 힌트를 얻었으면 좋겠고 다른 교과선생님들 눈에 제가 보지 못하는 부분을 보시고 말씀해 주셨으면 좋겠어요.

안내자　**선생님이 생각하시는 재미는 어떤 것인가요?**

수업자　아이들이 능동적으로 참여하고, 질문도 대답도 적극적으로 질문도 할 때 좀더 재미가 있는 것 같아요. 그런데 수업을 하다보면 4~5줄짜리 문장을 해석해야 하는 경우가 있는데 그럴 때마다 저는 설명하고 아이들은 받아 적는 과정이 반복되죠. 그 시간이 지루할 것 같은데 아이들은 그러려니 하고 넘어가는 것 같아요. 문장풀이할 때 조금 고민이에요.

안내자	그럼 선생님이 생각하는 학습자 중심의 수업은 무엇인가요?
수업자	협동학습할 때 아이들이 문장을 나누어서 해석해 보았는데 긴 문장을 잘라서 해석하니 말이 안맞고 엉뚱하게 이야기가 진행되는 경우가 있었어요. 제가 무작정 문장을 나누다보니 그런 오류가 나오고 어차피 헛수고란 반응을 보여서 그만두었는데 아이들이 직접 또는 함께 뭔가를 해볼 수 있는 수업이 되었으면 좋겠어요. 결국 각자 해석해 보고 나와서 써보는 개별학습이 되어버렸죠. 아이들이 만들어가는 수업이 될 수는 없을까? 한문이 도덕이나 윤리와 연관성이 깊어 인성을 다룰 수 있는데 그 부분에서는 어떻게 학습자중심의 수업을 할 수 있는지 궁금해요. 그럴 때는 일방적으로 넘어가는 경우가 많았거든요.
안내자	**선생님은 학생들이 스스로 습득하고 인성적인 부분도 아이들이 스스로 깨닫기를 원하시는 것 같네요.** 다른 분들 중에서 수업보기 전에 궁금한 사항이 있으면 질문해 주세요.

위의 수업나눔 대화에서 보듯이 김영미 선생님은 학생들이 중심이 되어 능동적으로 참여하는 재미있는 수업을 하고 싶어 했고, 그것이 주요 관심사이자 고민이었다. 이때 수업나눔 안내자는 수업자가 생각하는 재미나 학습자중심 수업에 대해 질문했는데, 그 이유는 그것에 대한 일반적 개념보다는 수업자가 생각하는 개념을 알아야 수업자의 시선을 이해할 수 있기 때문이었다. 너무나 당연한 개념이라

도 수업자가 중요하게 생각하는 포인트가 약간 다를 수 있기 때문에 질문을 통해 짚어줄 필요가 있다.

수업자의 시선을 이해하는 대화의 시간을 가진 후에는 촬영영상을 함께 보는데 이때 특별한 사정이 없다면 처음부터 끝까지 수업 전부를 보는 것이 좋다. 부분 편집된 영상을 보는 것은 수업의 전 과정을 이해하기에 부족함이 있기 때문이다. 수업을 보고 난 후에도 수업자의 마음과 생각을 묻는 질문으로 수업자의 마음을 이해하는 과정을 가진다.

안내자   수업을 보고 나니 어떠세요?

수업자   아이들이 처음에는 괜찮았는데 나중에 산만해지는 것이 보이네요.

안내자   그런 장면을 보면서 어떤 마음이 드셨어요?

수업자   내가 설명할 때 아이들이 이렇게 딴짓을 많이 하는구나 싶네요. 마음이 새롭군요. 그때 당시에는 아이들이 집중하고 잘 했다고 생각했었는데 화면으로 보니까 30분쯤 되니 아이들 자세가 흐트러지는 것이 느껴지네요. 제가 설명하면서 조바심을 내는 것 같기도 하고. 그게 다시 보이네요.

안내자   저도 그런 부분을 보긴 했는데 선생님이 그냥 넘어가시길래 이 정도의 집중도는 괜찮다고 느끼시는 줄 알았어요.

수업자   마이크 때문에 아이들 목소리가 더 크게 들리는 것 같기도 해요. 사실 아이들의 집중력이 떨어지는 것을 크게 인지하

지 못했어요. 그런데 뭔가 말이 빨라지는 것같이 느껴지기
도 하네요.

안내자   그것이 아이들 집중력 때문인지 진도 때문인지 저도 궁금
하더라구요.

수업자   집중력 때문인 것 같아요.

안내자   지금 마음은 어떠세요?

수업자   당황스러워요. 차분하다가 제가 설명할 때 같이 이야기하
는 아이들이 많아지니까 시간이 흘러서 그런 것인지 제 설
명이 지루한 것인지 궁금해지더라구요.

위의 대화에서 보듯이 수업자가 수업영상을 보는 것만으로도 자
신의 수업에 대한 새로운 성찰이 일어나는 경우가 많다. 김영미 선생
님은 수업을 본 후 후반부에 아이들의 집중도가 떨어져서 교사의 말
이 빨라지고 있다는 사실을 새롭게 알게 되면서 당황스러워했다. 이
수업나눔의 내용은 다음 단계에서 다시 이어가겠다.

앞서 살펴본 김영미 선생님의 사례 외에도 이해단계의 질문 내
용은 다양하다. 수업자를 이해하기 위해서는 판단과 지적이라 느낄
수 있는 질문만 아니라면 다양한 형태의 질문을 던질 수 있다. 질문
의 구체적인 사례들을 아래의 도표에 소개해 놓았다. 이 질문들은 어
디까지나 예시일 뿐 매뉴얼이 아니므로 상황에 맞게 취사선택하거나
여기에 없는 질문이라도 얼마든지 가능하다.

1단계 이해 - 수업자 시선 갖기의 질문 예시

수업자에게

- 수업을 마치고 난 후, 지금 어떤 느낌인가요?
- 수업하시기 전 어떤 고민을 하셨나요?
- 이 수업에서 아이들에게 주고 싶은 배움은 무엇이었나요?
- 수업에서 의도하신 수업목표는 무엇인가요?
- 수업하시기 전에 특별히 관심이 가는 아이들이 있으셨나요?
- 수업을 하신 반 학생들과의 관계는 어떤가요?
- 교과에 대한 선생님의 신념은 무엇인가요?
- 수업나눔을 통해 해결하고 싶은 것이 무엇인가요?

안내자가 수업친구에게

- (수업자의 이야기를 들으면서) 수업자를 이해하기 위해서 더 궁금한 것이 있으신가요?
- 수업자의 이야기를 들으면서 수업자의 관점에서 충분히 수업이 이해 되셨나요?

2단계 : 격려 - 수업의 의미 찾기

수업나눔의 2단계는 수업의 의미 찾기, 즉 격려 단계이다. 이 단계는 별칭으로 수업의 꽃 달아주기라고 표현하기도 한다. 마치 김춘수의 시 '꽃'의 시구 "내가 그의 이름을 불러 주었을 때 그는 나에게로 와서 꽃이 되었다." 처럼 수업자의 수업 속에 의미 있는 지점을 비춰주었을 때 수업자에게 꽃이 될 수 있기 때문이다.

1단계에서 수업자의 시선으로 수업을 이해한 것을 바탕으로 다음 단계에서는 수업을 공개한 교사의 수업에 의미를 부여해 줄 필요가 있다. 이때 관찰자의 시선에서 칭찬하기보다는 수업자의 시선으로 구체적인 예를 들어 비춰줄 때 진정한 격려가 될 수 있음을 유의해야 한다. 수업나눔을 할 때 수업자의 마음은 대부분 위축되어 있다. 기존의 수업협의회에서도 돌아가면서 수업자에게 칭찬을 하는 경우가 많지만, 대개의 경우 형식적인 칭찬으로 끝나거나 칭찬에 덧붙여 지도조언이라는 이름으로 평가나 지적하는 발언이 뒤따라오는 경우가 많아 교사 입장에서는 격려로 받아들여지지 않는다. 일반적으로 교사들은 옥의 티를 찾기를 좋아하는데, 그런 습성은 자기 자신에게도 적용되는 경우가 많다.

이 단계가 중요한 이유는 대부분의 수업자는 자신의 수업을 진지하게 들여다보고 그 수업의 의미를 깊이 되새겨본 경험이 거의 없기 때문이다. 수업친구들이 수업의 의미를 찾아 비춰주고 수업자가 그것을 되새길 시간을 충분히 갖게 함으로써 큰 위로와 격려를 받고, 이 시간을 통해 자신의 수업을 성찰할 힘과 용기를 얻게 된다. 만약 이 과정이 충분히 이루어지지 않은 채 다음 단계인 직면으로 바로 넘어가게 되면 수업자는 대부분 자신의 수업 고민을 표현할 용기를 상실하게 된다. 실제로 이런 경우에는 수업에 대한 질문을 했을 때 수업자가 방어기제가 작동하여 회피하는 사례들을 많이 경험하였다.

수업에서 의미 있는 지점을 잘 찾아 잘 비춰주기 위해서는 수업자를 '존재'로 인식하며 수업을 보아야 한다. '존재'로 인식한다는 것은 수업자를 의미 있는 메시지를 던지려는 '작가'적 존재로 본다는 의미이다. 그래서 1단계에서 수업자의 시선을 이해한 것을 바탕으로 수업자의 교육철학, 신념, 의도 등이 수업에서 어떻게 반영되었는지 다양한 지점에서 살펴 비춰주는 과정이 필요하다. 수업의 상황을 교사의 관점과 학생의 관점에서 동시에 살필 필요가 있는데, 교사의 관점에서는 교사가 수업에서 일관되게 하고자 하는 행동에 대해 의미를 부여해 주어야 한다. 이를 위해서는 수업자의 내면으로 들어가 그가 어떤 의도로 그런 행동을 꾸준하게 하는지 그 내면을 정확하게 읽어주는 것이 좋다. 그 수업행위의 과정과 노력에 집중하면서 수업자의 시선으로 격려하도록 한다. 또한 학생의 관점에서도 학생의 배움의 상황을 교사에게 말해주며 격려할 필요가 있다. 이때 수업의 표피적인 행위 중심의 형식적이고 포괄적인 칭찬보다는 구체적인 장면과 아이들의 반응을 이야기해주는 것이 좋다. 형식적인 칭찬과 진정한 격려는 분명한 차이가 있기 때문이다.

1단계에서는 주로 수업나눔 안내자가 주도하여 수업자에게 질문하고 대답을 듣는 시간을 가졌다면, 2단계에서는 수업친구들이 수업자를 격려하는 시간을 가진다. 인원수가 적을 경우에는 모둠별 토의시간 없이 바로 원하는 사람부터 격려의 말을 나누게 하면 된다.

실제 수업나눔 격려 단계 발표 예시

그러나 인원이 많을 경우에는 모둠별 토의시간을 진행한 후 의견을 모아서 발표하는 형태를 취한다. 왜냐하면 인원이 많은 경우 수업친구 모두의 의견을 듣게 되면 자칫 비슷한 이야기로 길어지고 이후 수업나눔 시간이 부족할 수 있기 때문이다. 그러므로 먼저 모둠별로 서로의 의견을 교환함으로써 수업자에게 수업의 의미를 풍성하게 비춰줄 시간을 준비하게 한다.

모둠별 토의시간이 주어질 때 수업나눔 안내자는 수업자와 일대일 대화를 진행하면서 의미 있는 지점을 비춰주거나 수업자의 마음과 생각을 듣는 일대일 대화를 진행한다. 이때 나눈 대화 중에서 필요하다고 느껴지는 부분이 있다면 다른 수업친구들과 공유하는 것이 바람직하다.

모둠별 토의시간에 나온 수업의 의미와 의미 있는 지점에 대한 의견들을 수렴하여 발표하는 시간을 가진 후에 수업친구들로부터 이런 격려를 받은 느낌이 어떤지 수업자의 생각을 들어본다. 계속해서 수업자가 수업친구들의 격려에 오랫동안 깊이 머물면서 좀 더 그 의미를 초점화하기 위해 격려 중 어느 것이 마음에 와 닿는지, 그 이유는 무엇인지 물어본다. 이때 수업자가 자신의 의견을 선택해서 우쭐해 하거나 뽑히지 않아 서운해 하는 수업친구가 간혹 있는데 이에 대해서도 수업나눔 안내자가 사전에 안내할 필요가 있다. 수업자로 하여금 의미 있는 지점을 선택하게 하는 것은 수업자의 마음을 성찰하게 하기 위함이지 누가 더 좋은 격려를 했는지 평가하기 위함이 아니기 때문이다.

그런데 이 과정에서 수업친구들이 의미 있는 지점을 제대로 비춰주지 못하는 상황이 발생할 수도 있다. 그러므로 수업을 볼 때부터 자세히 관찰하는 자세가 필요하고, 수업자의 의도가 잘 드러나고 학습자의 배움이 크게 일어난 장면을 눈여겨 본 다음 구체적으로 연관지어 비춰주어야 한다.

수업참관 장면1

수업참관 장면2

기존의 수업보기에서는 체크리스트를 들고 수업의 흐름에 따라 체크리스트 항목이 잘 드러나는지 평가하면서 수업을 보았다. 그렇지만 수업자의 성찰을 돕는 수업나눔을 위해서는 수업보기도 달라져야 한다. 특별한 양식 없이도 수업을 볼 수 있지만, 다음의 그림처럼 수업보기 기록지를 활용하여 구체적인 수업장면을 적거나 의미 있는 지점을 표시하면서 수업을 보는 것이 많은 도움이 된다. 이 기록은 3단계인 '직면-수업자의 고민에 머무르기' 단계에서도 중요한 역할을 한다. 구체적인 수업장면을 기록하고 나의 생각과 느낌을 적으면서 이를 성찰적 질문으로 어떻게 바꿀 수 있을지 써보면서 수업을 보는 것을 성찰중심 수업나눔에서는 권장하고 있다.

수업보기 기록지 실제 기록 예시

　수업친구들이 격려의 말을 할 때, 사진(예: 솔라리움 카드)카드 같은 것을 활용하여 은유적으로 표현하는 것도 좋은 방법이다. 이런 방법은 수업나눔을 좀더 따뜻한 분위기로 만들어갈 수 있고, 수업의 의미를 키워드로 명료하게 표현할 수 있다는 장점이 있다. 김영미 선생님과의 수업나눔은 자발적 수업동아리에서 소수의 선생님이 참여한 경우이기 때문에 모둠활동 없이 바로 이야기 하는 것으로 진행되었다. 이때, 수업나눔 안내자는 수업친구들이 비춰주는 격려의 말이 어떻게 느껴지는지 질문함으로써 수업자가 수업친구들의 격려에 더 깊이 오래 머물고 자신의 강점을 성찰해 볼 수 있도록 도와주는 역할을 해야 한다.

안내자　　수업을 보면서 수업자에게 의미 있는 지점이라고 생각하는 부분이나 전체적으로 느낀 것을 이야기해 주시기 바랍니다.

수업친구1   저는 선생님과 아이들의 분위기가 차분하고 따뜻하다는 느낌이 들었어요. 마주보며 함께 하는 수업이라 온화하고 따뜻했어요.

수업친구2   흡인력 있는 수업인 것 같은데 아이들에게 존댓말을 사용하는 한결같은 모습이 인상적이었어요. 아이들을 조용히 지켜보고 바라보는 여유로움이 있으신 것 같아요. 전문가시라는 느낌이 들었어요.

안내자   김 선생님은 수업친구들의 말이 어떻게 다가오나요?

수업자   너무 칭찬해주시는 것 같아요. 저는 제 목소리가 허스키하고 말이 빨랐다고 생각했는데 그리 말씀해 주시니 색다른 기분이 드네요.

수업친구3   학생들을 격려하며 함께 달리는 마라톤 같다는 느낌이 들었어요. 수업을 보면서 같이 외우고 싶다는 생각이 들기도 했거든요.

수업친구4   조용하고 차분한 수업이었어요. 아이들이 20분이 넘도록 한자를 외우는 모습이 되게 신기하게 받아들여졌고 가장 의미 있는 장면인 것 같아요. 선생님이 의도하신 학습자 중심의 배움이 구현되는 모습으로 느껴졌어요.

안내자   이런 의견들은 어떻게 다가오나요?

수업자   학생들의 참여가 너무 부족했던 수업이 아닌가 생각했는데 그렇게 봐주시니 정말 좋네요.

격려 카드를 활용하여 수업나눔을 하는 사례

　　격려의 내용을 더 풍성하게 하기 위해서는 학생들의 설문지나 인터뷰를 받는 것도 좋은 방법이다. 격려 단계의 대화가 오갈 때 수업나눔 안내자는 학생들에게 받은 설문지나 인터뷰 내용 중 연결되는 부분을 읽어 주면서 진행하는 것이 좋다. 특히 그 중에서도 교사의 의도와 비슷하게 반응한 학생들의 의견을 통해 수업자가 가장 많은 격려를 받는다는 사실을 여러 사례들을 통해 알게 되었다.

학생들에게 받은 설문지 예시　　　　　학생들 인터뷰 장면

안내자	학생들의 설문지를 보니 이런 말이 있었어요. 우리 선생님 수업은 비둘기다. 왜냐하면 평화롭기 때문이다. 비슷하게 쓴 아이가 3명이었어요. 평화롭고 자유롭다는 학생들의 이야기를 들으면서 선생님은 어떤 느낌이 드셨나요?
수업자	저는 아이들이 굉장히 신랄하게 쓸 줄 알았는데 이런 의견을 적은 걸 보니 많은 위로가 되네요. 평화롭다고 느꼈다니 참 고맙더라구요. 수업시간만큼은 관계가 흐트러지면 공부가 안되니까 노력을 많이 하고 있는데 아이들이 알아주고 편안하게 느껴줘서 고마웠어요. 사실 야단치고 화낼 때도 있어서 이 말에 동의한다는 마음보다는 고맙다는 마음이 들었어요.
안내자	아이들이 쓴 것 중에는 "선생님 수업은 순 두부다. 어려운 한자를 쉽게 풀어서 설명해 주시기 때문이다."라는 의견도 있었어요. 재미있는 수업이라는 말도 있었고, "숲이다. 왜냐하면 알려주시는 하나하나가 머릿속에 들어와 숲처럼 큰 것을 이루기 때문이다."라는 의견도 있네요.
수업자	아이들의 마음이 너무 따뜻한 것 같아요. 아이들의 의견 자체가 격려가 되네요. 나만 혼자 애쓴 게 아니라 아이들이 같이 가주고 있구나 라는 생각이 들어서 제가 위로를 받는 것 같아요. 아이들이 지루해 하고 힘들어 할 줄 알았는데 꼭 그렇지만은 않구나 하는 생각이 들어서 위로가 되고 고맙네요.

안내자	또 이런 이야기가 있네요. "김영미 선생님의 수업은 동화
	책이다. 왜냐하면 같은 이야기도 재미있고 집중이 잘되게
	하시기 때문이다." 또 어떤 아이는 "별처럼 빛나는 수업이
	다. 왜냐하면 다른 수업보다 눈에 띄게 특이해서다. 한문
	노트, 카드 등." "프리즘이다. 다채로운 성질을 띄면서도 단
	순하기 때문이다." 또 어떤 아이는 "인텔이다. 우리가 이해
	할 수 있도록 설명해 주시기 때문이다." 그렇다면 선생님
	이 지금까지 받은 격려 중에서 가장 크게 와닿고 위로가
	되는 말은 무엇인가요?
수업자	동화책이라는 말이 가장 큰 격려가 되네요. 1학기때부터
	지금까지 긴 문장을 다룬 것이 이번이 처음인데 그동안은
	성어수업이라 들려준 이야기가 참 많았거든요. 그때마다
	내가 이야기를 하면 재미없지 않을까 걱정스러웠는데 재
	밌고 집중이 잘됐다는 구체적인 사례까지 이야기해 주니
	성어수업할 때 옛날이야기처럼 해준 것을 아이들이 재미
	있게 들어주었다는 생각이 들면서 너무 기분이 좋고 뿌듯
	합니다.

　　김영미 선생님 수업나눔의 경우에도 학생 설문지 내용을 읽어주
면서 선생님의 느낌을 묻는 것으로 대화를 이끌어 갔다. 학생들의 반
응 중에 '동화책' 같은 수업이라는 말이 가장 큰 격려가 되었다고 이
야기하는 장면을 보면서 교사의 의도된 배움과 학생들의 반응이 일

치할 때 수업자에게 가장 큰 격려가 된다는 사실을 다시 확인할 수 있었다.

이해단계와 마찬가지로 격려 단계에서 할 수 있는 질문을 도표로 정리해 보았다. 이것 역시 어디까지나 예시일 뿐 매뉴얼이 아니므로 상황에 맞게 취사선택하거나 다른 질문을 할 수도 있다.

2단계 '격려 – 수업의 의미 찾기'의 질문 예시

수업친구에게

- 수업친구는 수업자의 가르침의 의도가 어디서 잘 드러났는지 찾아보세요.
- 이 수업에서 가장 의미 있다고 생각되는 장면을 찾아보세요.
  수업에서 학생들의 배움이 일어난 구체적인 장면은 어디인가요?

수업자에게

(수업친구의 이야기를 들은 후)
- 이 이야기 중에서 선생님의 마음을 가장 잘 비춰주는 이야기는 무엇인가요?
- 이 이야기 중에서 가장 마음에 와 닿는 이야기는 무엇인가요?
- 수업친구가 선생님에 대한 수업의 의미를 찾아주었는데, 이 이야기를 들으면서 선생님의 마음은 지금 어떤가요?

3단계 : 직면 – 수업자의 고민에 머무르기

　이제 수업자의 고민으로 좀 더 깊게 들어갈 차례가 되었다. 수업나눔 3단계는 수업자의 고민에 머무르기, 즉 직면 단계이다. 여기서 직면(confrontation)이란, 사실이나 행동을 있는 그대로 기술해 주어 수업자가 간과하고 있을지도 모르는 진실을 볼 수 있게 해주고, 새로운 관점을 발견하도록 도와주는 것을 말한다. 1단계에서 수업자의 시선으로 수업을 이해했고, 2단계에서 수업의 의미를 자세히 비춰주어 수업자가 충분한 지지와 격려를 받았다면, 이제는 자신의 수업과 마주하며 스스로 충분히 머무를 시간이 필요하다. 사실 대부분의 교사는 수업이 뜻대로 되지 않아 가슴 아파하고 그것 때문에 '고민'하는 존재이다. 이러한 교사 내면의 아픔과 고민에 충분히 머무를 시간 없이 교사들은 하루하루 자신에게 주어진 일들을 처리해 나가기 바쁜 것이 현실이다. 이러한 교사들에게 자신의 수업의 속살을 마주하며 수업에 대한 자각을 통해 내면의 힘을 갖게 할 수 있을까?

　때로는 수업자의 신념대로 일관되게 수업이 진행되지 않는 부분이 있을 수 있고, 학생의 관점에서 보면 교사의 가르침과 별개로 학생의 배움이 잘 일어나지 않는 경우도 있다. 이때 수업친구들이 수업자가 알아차리지 못한 상황들을 정확하게 찾아주고 수업자의 시선으로 질문하게 되면, 수업자는 대화의 과정에서 수업 속 상황을 정확하게 이해하며 스스로 직면하게 된다. 이때 주의해야 할 점은 수업자에게 직접 "이 지점이 이상했다."라고 평가적인 말을 하거나 "이렇게 하면 더 좋지 않나요?"라는 처방적 조언이나 해결책을 제시하는 말은 피해야 한다는 것이다.

　수업나눔 안내자와 수업친구는 수업에서 관찰한 수업장면을 구체적으로 제시하면서 성찰적 질문 형식을 취하는 것이 좋다. "이 부분에 대해서는 어떤 의도가 있으셨나요?", "이 수업장면에서 선생님이 힘들게 느껴졌는데 그때 선생님은 어떤 마음이었나요?" 수업자가 잘못을 지적받거나 조언을 받는다는 생각이 들면 그 수업 속에 머무르기보다는, 자꾸만 그 수업을 회피하고 싶어진다. 그래서 수업친구는 많은 것을 가르쳐 주고 알려 주기보다는 성찰적 질문을 던짐으로써 수업자가 수업을 더 깊게 살필 수 있게 하고, 스스로 수업의 문제 상황을 직면할 수 있도록 도와주어야 한다.

　수업나눔에서 수업나눔 안내자의 역할이 가장 중요한 단계가 바로 직면의 단계이다. 수업친구들이 제기한 여러 가지 질문들을 수업자가 모두 다 답하는 형식으로 수업나눔이 진행되면 자칫 질의응답 시간으로 전락할 수 있다. 그러므로 1단계에서 수업자의 시선으로 수업자가 가장 고민하는 지점을 한두 가지 주제로 초점화 한 것에 벗어나지 않는 범위에서 성찰적 질문을 만들어 달라고 안내한다. 그리고 수업친구들이 한 여러 질문 중에 수업자가 머무르고 싶은 질문을 선택하게 하고 그것에 대해서 깊게 나누도록 안내한다. 수업친구들은 자신이 관찰한 부분에 대해서 전부 다 말해 주고 싶은 욕구가 생기기 마련이지만 그 모든 이야기들이 수업자에게 도움이 되는 것은 아니다. 수업자의 문제의식이 없는 영역을 이야기하는 것은 수업자의 수업자의 성찰에 큰 도움이 되지 않을 수 있다. 수업나눔 안내자는 선택된 주제와 관련된 질문에 대해 수업자가 대답할 때, 마음과 생각의 흐름에 함께 하면서 수업자의 내면을 깊이 탐색할 수 있는 질문들을 이어갈 수 있어야 한다. 김영미 선생님의 실제 수업나눔 장면으로 들어가 직면단계에 어떤 대화가 오갔는지 살펴보자.

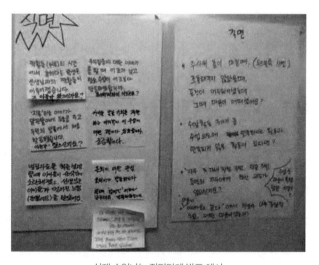

실제 수업나눔 직면단계 발표 예시

안내자 　수업을 보면서 수업자의 의도와 실제 학습자의 배움과 불일치했다고 느껴지는 장면이 있으셨나요? **수업자가 가장 고민하는 부분이 재미있고 능동적인 수업을 하고 싶다는 것인데 이 부분을 초점으로 수업자에게 물어보고 싶은 것이 있으면 질문해 주세요.**

수업친구1 　앞에 앉은 두 명의 학생이 개별적으로는 열심히 공부하고 있는데 서로의 활동이 거의 없는 것 같아 보였어요. 선생님은 어떻게 보시고 느끼셨는지요?

수업자 　남학생이 종이를 자르고 남은 것을 계속 손에 말고 있었어요. 그 학생의 태도변화나 수업에 참여하게 만드는 것이 저의 고민 중 하나에요. 또 한 명의 여학생은 거의 말을 하지 않고 동작도 작아서 둘은 거의 한마디도 하지 않은 채 하루를 보낼지도 몰라요. 옆의 학생들과도 교류하지 않는 것이 고민되기도 해요. 학습자 중심의 수업, 아이들이 서로 교류하면서 만들어가는 수업이 되었으면 좋겠는데 그게 잘 안되요.

안내자 　**초반에는 재미있고 능동적인 학습자 중심의 수업을 원한다고 하셨죠? 지금은 서로 교류하지 않는 아이들이 고민이라고 하셨는데 어떤 이야기를 좀 더 깊이 있게 나누어 볼까요?** (초점화)

수업자 　서로 교류하지 않는 아이들에 대한 이야기를 나누면 좋겠어요. 왜냐하면 초반의 고민이 이것과 관련된 것이고 아이들끼리 서로 협동하면서 수업이 진행되었으면 좋겠다는 바람이 정말 간절하거든요. 그래서 어떻게 하면 하기 싫어하는 아이들이 서로에게 도움을 주고 성장하게 할 수 있을까를 늘 고민하고 있어요. 제가 평화롭다고 하지만 무서울 때는 무섭거든요. 사실 딴 짓하는 것을 잘 못봐요. 조는 아이들도 계속 깨우면서 혼자 끌고 가는 때가 많아요. 아이들이 자발적으로 서로 교류하면서 적극적으로 웃으며 참여하는 수업이 되었으면 좋겠어요.

안내자 **그것이 선생님에게 어떤 의미길래 그만큼 중요한가요?**

수업자 일단은 추세가 그런 것 같구요. 교류와 협력, 배움이 일어나는 수업을 한번 해보고 싶다는 마음이 있구요. 인성영역을 강조하는 교과인데 옆의 친구와 교류없이 단독으로 나만 잘하면 된다는 생각은 옳지 않다는 생각이 들어요. 효도, 배려, 이해, 이런 말들이 계속 나오는데 배려와 이해가 일어나지 않고 한자로만 배우게 되지요. 그래서 이건 아닌데 하는 생각이 들면서 마음이 답답해 질 때가 있어요. 한자는 가르치지만 내면화가 안된다는 것이 넘어야 할 산처럼 느껴집니다.

안내자 꼭 아이들이 교류해야만 내면화가 되나요?

수업자 그런 건 아닐 것 같은데요…… 그러게요. 꼭 그런 것은 아닐텐데……

수업친구2 선생님의 수업에서는 **한자를 익히는 것이 더 중요할까요?**

내면화가 더 중요할까요?

수업자   내면화되어 그것이 삶에 영향을 주는 것이 중요해요. 도리도자를 배우면서 마음에 파문이 일어났으면 좋겠어요. 어느 순간 문득 떠올리며 영향을 끼칠 수 있다면 얼마나 좋을까요?

안내자   그렇다면 오늘 수업에서 파문을 일으킨 장면이 있다면 어느 부분이었을까요?

수업자   제가 의도한 것은 '효'자였어요.

안내자   그 장면에서 아이들이 "눈이 아파요. 안 어울려요." 이런 말을 했는데 저는 그 부분에서 선생님이 아이들과 조금 더 교류했으면 하는 생각이 들었어요. 선생님은 "이러면 안되겠죠?" 하면서 바로 선생님의 생각을 이야기하셨거든요. **너희들이 이렇게 하면 된다고 정의를 내린 장면이 저는 가장 아쉽게 느껴졌는데 제 말이 어떻게 들리세요?**

수업자   일부러 신문스크랩을 해서 보여준 것인데 아이들이 글자 모양에서 충격을 받는 바람에 결론을 제가 다 내버렸네요. 제가 좀 더 던질 수 있었는데 시간에 쫓겨서 못했던 것 같아요.

안내자   앞에서 선생님이 진도 이야기를 하셔서 그 부분이 이해가 되긴 했어요. 그런데 아이들과의 교류를 더 중요하게 생각한다고 하셨던 터라 그 부분에 대해 조금 더 깊은 이야기가 필요한 것 같습니다.

수업자　　　제가 잘못 생각했던 것 같아요. 아이들과의 교류조차도 무
　　　　　언가 구조화 되어야 한다고 생각을 했던 것 같아요. 그러
　　　　　게요. 너희들이 생각하는 효도가 무엇인지 옆사람과 이야
　　　　　기해 보자. 이렇게만 해도 교류가 이루어졌을텐데 그 부분
　　　　　을 전혀 생각하지 못하고 있었어요.

　　김영미 선생님과 나누었던 직면단계의 대화를 살펴보면 재미있
고 능동적인 수업을 원하는 것과 교류하지 않는 아이들에 대한 고민
이 연결되어 있다. 한문이 인성영역을 강조하는 교과이기 때문에 교
류하지 않는 아이들에 대해 더 깊은 고민이 있고, 이는 교육적인 신
념과도 연관되어 있음을 알 수 있다. 수업나눔 안내자는 수업자가 의
도했던 교류가 더 활발하게 일어날 수 있었는데 그렇지 못했던 아쉬
운 장면을 언급하면서 그것에 대한 수업자의 생각을 질문했고 이때
수업자는 새로운 직면을 맞이하게 되었다. 김영미 선생님은 아이들
교류조차도 구조화 되어야 한다는 생각이 있었음을 알아차리면서 자
신이 내용을 정리하지 않고 학생들이 이야기할 수 있는 기회를 제시
했어야 함을 깨닫는 통찰의 시간을 갖게 되었다.
　　이 장면에서 기존 수업협의회에서 '지적' 하는 것과 무슨 차이가
있느냐 반문할 수도 있을 것이다. 하지만 수업나눔 안내자의 판단을
일방적이고 단정적으로 전달하는 것이 아니라 질문 형식으로 수업자
가 자신의 생각을 들여다보게 하고 스스로 보완할 수 있게 함으로써
성찰의 기회를 준다는 점에서 본질적 차이가 있다.

사실 수업을 관찰하는 수업친구는 자연스럽게 판단이 작동한다. 이 판단을 수업자에게 직설적으로 전달하는 것이 아니라 자신의 판단과 느낌은 수업자의 생각이나 감정과 다를 수 있음을 인지하면서 잠정적으로 이야기하는 것이 좋다.

김영미 선생님의 사례와는 달리 직면단계에서 수업자가 새로운 통찰의 지점을 발견하지 못하는 경우도 많다. 여러 이유가 있겠지만, 수업나눔의 인원이 너무 많거나 정서적인 안전지대가 제대로 형성되지 않은 경우 수업자가 자신의 마음을 공개하기를 꺼릴 수 있기 때문이다. 어떤 경우에는 수업자 자신에게만 초점을 맞추고 있는 상황을 부담스러워하기도 하는데, 이런 경우라면 수업자가 고민하고 있는 주제에 대해 수업친구들이 각자의 경험을 나눔으로써 고민을 함께하는 장으로 이끌어 가도 좋다.

직면의 단계에서는 무엇보다 질문이 중요한데, 수업자에게 성찰을 일으키는 질문을 던지는 것은 쉽지 않다. 수업자마다 고민이 다르고 상황과 맥락에 따라 질문이 달라져야 하기 때문에 수업자를 직면으로 이끄는 마법과 같은 질문은 존재하지 않는다. 성찰적 질문이냐 아니냐에 대한 기준은 정해진 것이 없다. 다만 수업자의 고민에 벗어나 새로운 문제를 제기 하는 '문제제기 질문'이나, 수업방법이나 수업자료의 출처 등이 궁금해서 묻는 '호기심 질문', 이런 방법이 있는데 시도해 본 적이 있는지를 묻는 '문제해결 질문'은 지양하는 것이 좋다.

특히 수업나눔 안내자는 어떠한 질문으로 수업자와 수업친구에게 직면단계를 안내할 것인지 막막할 수 있다. 직면단계에서 수업나눔 안내자가 수업친구와 수업자에게 할 수 있는 질문을 정리하면 다음과 같다. 이것 역시 어디까지나 예시일 뿐 매뉴얼이 아니므로 상황에 맞게 취사선택하거나 여기에 없는 질문이라도 얼마든지 가능하다.

3단계 '직면 - 수업자의 고민에 머무르기' 질문 예시

수업자에게

- 이 수업에서 가장 아쉬웠던 지점은 어디인가요?
- 선생님의 의도와 다르게 흘러갔던 수업 장면이 혹시 있으신가요?
- 수업에서 학생들과 관계 맺기가 힘들거나 어려운 점은 없었나요?
- 수업 내용을 전달하면서 아쉬웠던 것은 무엇인가요?
- 수업을 진행함에 있어서 아쉬웠던 것은 언제인가요?

(수업친구의 이야기를 들은 후)
- 수업친구가 내면적으로 힘들었던 지점을 찾아주셨는데, 선생님은, 이때 어떤 마음이었나요?

안내자가 수업친구에게

- 수업자의 고민을 들으면서 어떤 마음이 드셨나요?
- 수업자의 고민 속에서 혹시 나의 고민과 일치하는 지점이 있었나요?
- 오늘 수업에서 수업자가 미처 알아차리지 못했지만, 수업자가 내면적으로 힘들고 어려워했던 지점은 어디라고 생각하나요?

이때 수업자의 고민에 머무르며 수업나눔에 참여하기 위해서 앞에서 안내한 <수업보기 기록지>를 활용할 필요가 있다. 수업을 볼 때, 관찰자의 기준과 수업자의 행위가 어긋날지라도 평가하거나 판단하는 마음보다는 왜 그렇게 되었는지 수업자의 의도를 궁금해하며 수업을 바라보아야 한다. 특히 내면이 흔들리고, 힘들어하는 지점과 교사의 가르침과 학생의 배움이 잘 연결되지 않는 지점, 교사의 신념이 일관되지 않고 흔들린 지점 등을 살펴보면서 교사가 평소에 갖고 있는 수업고민이 무엇일지 또는 이 수업을 진행하면서 드러난 고민이 무엇인지를 염두에 두고 구체적인 수업 장면을 기록한다.

수업나눔에 참여할 때도 수업자의 고민에 머무르기 위해 수업 내용과 자신의 생각을 적극적으로 기록하면서 수업나눔의 흐름에 동참할 필요가 있다. 이를 위해 수업코칭연구소는 아래와 같은 <수업나눔 참여지>를 활용하고 있다.

수업나눔 참여지						
( )학교 제( )학년 ( )반			수업자		수업친구	
교과		주제		일시		2016.
단계	대상	수업나눔의 시선			수업나눔 기록 및 자기 생각 쓰기	
이해 · 수업자의 시선 갖기	수업자에게	• 수업자의 철학과 신념은 무엇인가요? • 수업자가 의도한 수업목표는 무엇인가요? • 수업자와 학생들과의 관계는 어떤가요? • 수업자가 수업나눔을 통해 해결하고 싶은 것이 무엇인가요?				
	나에게	• 수업자의 시선이 아닌 나의 시선으로만 수업을 이해하려고 하지 않았는지요?				

단계	대상	수업나눔의 시선	수업나눔 기록 및 자기 생각 쓰기
격려 · 수업의 의미 찾기	수업자 에게	• 수업자가 가르치려는 의도가 어디서 잘 드러났나요? • 이 수업에서 가장 의미 있다고 생각하는 장면은 어디인가요? • 수업에서 학생들의 배움이 크게 일어난 장면은 어디인가요?	
	나에게	• 수업자의 시선이 아닌 나의 시선에서 수업자에게 형식적인 칭찬을 한 적이 없었는지요?	
직면 · 수업자의 고민에 머무르기	수업자 에게	• 수업자의 의도와 다르게 흘러간 수업장면은 혹시 있으신가요? • 수업에서 학생들과 관계 맺기가 힘들거나 어려운 점은 없었나요? • 이 수업에서 수업자가 미처 알아차리지 못했지만, 수업자가 내면적으로 힘들고 어려워했던 지점은 어디인가요?	
	나에게	• 수업자의 고민을 깊게 듣지 않고 나의 시선으로 수업자의 수업에 대해 처방하려고 하지 않았는지요?	
도전 · 함께 깨달음 나누기	수업자 에게	• 수업을 나누면서 의미 있게 다가왔거나 새롭게 깨닫게 된 것은 무엇인가요? • 다음에 수업할 때, 어떻게 하고 싶으세요?	
	나에게	• 수업자의 이야기를 들으며 나의 수업을 성찰한 지점은 어디인가요?	

수업나눔 참여지 양식

4단계 : 도전 - 함께 깨달음 나누기

수업나눔의 4단계는 함께 깨달음 나누기, 즉 도전 단계이다. 이 단계는 수업나눔의 정리 단계로 수업자와 수업나눔 안내자, 수업친구들이 수업나눔을 통해 얻은 깨달음을 함께 나누는 시간이다. 서로의 깨달음을 공유하는 것은 물론 각자 성찰한 지점과 앞으로 도전하고 싶은 과제를 나누는 자리이기도 하다. 이 단계에서 수업자는 수업나눔의 경험을 돌아보며 스스로 도전과제를 설정함으로써 변화를 위한 내적의지를 다지게 된다. 그리고 수업나눔에 참여한 동료교사들도 이 과정을 통해 깨닫게 된 사실들을 이야기하면서 수업이 개인의 것이 아닌 우리의 것임을 알게 된다. 다시 말해 수업이란 함께 해결하고 만들어나가야 하는 공동체적 성격을 지니고 있음을 인식하게 되는 것이다.

수업자의 시선으로 수업을 바라보고 고민에 머무르는 과정을 통해 수업자는 자신의 수업과 내면을 들여다보며 문제가 무엇인지 알아차리는 성찰의 시간을 갖게 된다. 이 과정에서 무엇을 경험했고 무엇을 깨달았으며 새롭게 도전할 수 있는 것이 무엇인지 스스로 정리할 수 있다. 수업나눔을 한 후에 수업에 대한 고민에 어떤 변화가 있었는지, 또 다음 수업에서 어떤 선택과 변화를 생각하고 있는지 이야기를 나누어본다. 수업나눔이 진솔하게 이루어지면 수업자 스스로 수업에서의 문제 상황을 개선하고자 노력하게 된다. 이때 명심할 것은 수업나눔 안내자나 수업친구가 성급하게 "이런 방법으로 해 보세요."라고 직접적으로 조언하지 말고 수업자 스스로 도전 과제를 찾도록 도와주어야 한다. 스스로 문제점을 찾은 경우일수록 변화하려는 에너지가 동원되어 변화 가능성도 높아진다. 수업자 스스로 알아차리지 못한 해결책을 제시하면 수긍은 할 수 있겠지만 자신이 깨달은 지점은 아니기 때문에 변화할 수 있는 에너지는 한계가 있다. 문제해결의 해답은 누군가 던져주는 것이 아니라 스스로 찾아가는 것이고, 수업나눔을 통해 서로에게 배워갈 수 있는 것이다.

　　김영미 선생님의 수업나눔에서 실제로 오고간 대화 내용을 보면 이 단계에 대한 이해가 훨씬 더 수월해질 것이다.

안내자	오늘 수업나눔에서 어떤 것을 경험하셨고 느낌은 어떠하셨는지요?
수업자	너무 많은 격려를 받아서 행복했어요. 제가 자신없어 하던 부분도 좋았다고 격려해 주셔서 용기도 나고, 제가 고민하던 부분에 대해서도 발상의 전환으로 조금만 방향을 틀면 교류가 가능하다는 사실을 알게 되었어요. 십 년이 넘게

교사생활을 하면서 제가 만든 구조화에 갇혀있었던 것 같아요. 학생들에게 물어보면서 확장해 갈 수 있었을텐데 그런 것은 생각지도 못한 채 수업 중에 돌발상황이 발생하면 스트레스를 받고 있었죠.

안내자 오늘 깨달은 부분을 다음번 수업에 적용하고 시도해 보시면 좋을 것 같아요. 학생들에게 질문을 던지면 어떤 반응이 나타나는지, 진도에 방해가 되지 않는지 확인하시면서요. 다른 분들은 어떤 느낌이 드셨는지요?

수업친구1 수업나눔 약속을 실천하는 것이 어렵다는 것을 다시 한 번 느꼈고 누군가의 수업을 보기 위해서는 정말 깊이 생각한 다음 질문을 던지고 이야기를 해야겠구나 하는 생각이 들었어요. 그리고 제 자신부터 성찰이 필요하다는 생각도 들었어요.

수업친구2 수업의 목적과 방향이 분명하지 않을 때 수업이 흔들릴 수 있겠다 생각했는데, 남의 수업을 보는 것은 많은 것을 되돌아보게 하고 자기 수업을 객관화시킬 수 있는 좋은 기회라는 생각을 했습니다.

수업나눔 이후

    수업나눔의 일련의 과정이 끝나면 수업자는 수업나눔 후 성찰지를 작성하고 수업친구들 또한 소감문을 적는다. 수업나눔을 한 후 수업자는 어떤 문제가 해결이 되었는지, 미해결과제와 도전하고 싶은 과제는 무엇인지 성찰하며 기록하는데, 수업자 스스로 내면화하는 과정을 통해 성찰한 내용을 명료화할 수 있고 이를 통해 더 깊은 성찰로 이어질 수 있다.

    김영미 선생님의 경우에도 다음과 같이 수업나눔 후 성찰지를 작성하면서 수업나눔을 통해 알아차린 내용(학생간의 교류마저 구조화하고 있었음)을 명료화할 뿐 아니라 배경을 탐색하며 더 깊이 성찰하신 것을 알 수 있다. 그 배경에는 적은 수업시수에 정해진 진도를 나가야 하는 상황 속에서 학생들 간의 교류시간이 그런 수업체계를 무너뜨릴 수도 있다는 내면적 두려움이 있음을 깨닫게 된 것이다.

    이렇게 수업나눔 후 성찰지를 쓰면서 더 깊은 수업성찰로 이어져 스스로 수업을 바꾸어 갈 수 있는 내면적 힘이 더 단단하게 생길 수 있다.

수업 나눔 후 성찰지

성명	김**	경력	13.4	과목	한문
학교	**중학교	수업 학년/ 반		2학년 *반	
수업 나눔 날짜·교시		201* 년 **월 * 일			

1. 수업나눔 후(後)의 소감은?

수업나눔을 통해 격려와 지지를 많이 받아 행복했습니다. 수업을 공개하는 것이 쑥스럽기도 했지만 수업 시간에는 못 봤던 학생들의 모습도 볼 수 있고, 제 스스로도 제 모습을 낯설게 보는 경험이 새로웠습니다. 수업나눔을 통해 새로운 생각을 할 수 있게 된 점은 무엇보다 큰 소득이었습니다.

2. 이번 수업나눔에서 받은 격려 중에서 가장 의미 있었던 격려는 무엇이었고 그 이유는 무엇인가요? 내가 알아차리지 못했던 수업속의 의미는 어떤 것들이 있었나요? 그것이 선생님에게 어떤 느낌으로 다가왔나요?

선생님들의 격려 중 체계적이고 구조화 된 수업이라는 격려가 의미 있게 다가왔습니다. 어떻게 하면 교과 내용을 좀 더 구조화해서 체계적으로 전달할 수 있을까를 오랜 시간 고민해 왔고 개인적인 교육과정(?)으로 확립해 오던 노력을 인정받은 것 같아 기뻤습니다.

학생들의 격려는 모두 큰 기쁨이었습니다. 어떤 이야기를 해줄지 긴장했는데 예상 외로 좋은 이야기들로, 다양하게 격려해 줘서 용기와 희망을 얻었습니다.

3. 이번 수업나눔을 통해서 알아차린 수업 속 고민(딜레마)는 무엇인가요? 직면과 관련된 질문 중에서 새롭게 성찰하고 싶고 이를 통해 알게 된 것은 무엇인가요? 이를 극복하기 위해 도전하고 싶은 것은 무엇인가요?

이번 수업나눔을 통해서 알아차린 수업 속 고민은 '구조화를 벗어나는 것에 대한 두려움'이었습니다. '학습자 중심의 수업'을 하고 싶은 욕구가 있었고, 그것이 '학생간의 교류'로 나타나길 원했었는데 '교류'의 지점은 고려하지 않고 구조화 하고 있었다는 것을 알아차렸습니다. 그런데 왜 그럴까 생각해 보니 구조화 된 수업을 벗어나는 것에 대해 내면적 두려움이 있었던 것 같습니다. 이 두려움은 왜 나타나는 것일까 계속 생각해 보았는데 그 순간(학생 간 교류를 열어주는 시간) 수업의 질서와 체계화가 깨질 것이라는 생각이 강하게 작용했던 것 같습니다. 맡고 있는 반이 많고 주당 수업시수가 적다보니 정해진 진도를 맞추어 나가야 한다는 것도 심리적으로 압박이 작용했고, 경계를 세우고 수업을 그 틀 안에서 어느 정도 자유를 허용하며 진행하는데 그 경계가 허물어지거나 돌발 상황이 생기는 것에 대해 스스로 스트레스를 받고 있음을 알게 되었습니다. 이를 극복하기 위해 수업의 주도권을 점차 학생 쪽으로 넘길 수 있도록 해야 할 텐데, 일단은 수업 중에 짝과 상의해서 해결해야 하는 질문을 한 가지 정도 제시해 보려고 합니다.

4. 이번 수업나눔의 경험이 선생님의 변화와 성장을 위해 어떤 도움과 의미가 있었나요?

제가 원하는 지점은 사실, 제 수업에서 잘 안되는 지점이었음을 알게 되었습니다. 그리고 잘 안되는 그 지점은 저의 두려움과 맞닿아 있다는 사실도 깨닫게 되었습니다. 왜 이런 두려움이 생기게 되었으며 왜 제가 그런 상황을 꺼리게 되었을까에 대해서는 계속 고민해야 할 것 같습니다만 일단 '원하는 지점'의 끝에 '두려움'이 있었음을 알아차리고 그 두려움에 직면하게 된 것은 저의 성장과 변화에 큰 의미가 있을 것 같습니다. 두려움을 하나씩 이겨내고 깨트리는 작업을 조금씩 이루어가는 것이 제가 성장하는 방향이 되지 않을까 생각합니다.

수업나눔 안내자 또한 수업나눔 후 성찰지를 적는 것이 좋다. 성찰지를 적으면서 실제 진행된 수업나눔의 대화 흐름도 정리할 수 있고 수업나눔의 의미나 한계, 다음에 나아가야할 방향에 대해 성찰하는데 큰 도움이 된다. 다음의 예시는 김영미 선생님의 수업나눔 안내자의 성찰지이다.

수업나눔 후 성찰지 –수업나눔안내자 김ㅇㅇ

보통 일반 학교에서 연수를 진행할 때는 3~4회의 수업나눔 프로세스에 관한 연수를 진행한 후 수업을 공개하겠다는 교사가 있으면 1~2회 정도 실제 수업나눔을 진행한다. 연수 이전에 선생님들이 어떤 관계성을 가지고 있었는지, 연수에 참여하는 마음이 어떠했는지, 연수를 통해서 얼마만큼 서로의 관계가 형성되었는지에 따라서 첫 번째 수업나눔은 다양한 양상을 띠게 된다. 그래서 수업안내자로서 연수 후 첫 번째 수업나눔은 많은 긴장감을 가져오는 것이 사실이다.

대부분의 학교상황과 마찬가지로 이번에도 첫 번째로 수업을 공개하신 분은 연수진행을 맡으신 실무자 선생님이셨다. 실무자에 따라 연수의 분위기와 안정감도 많이 달라지는데 김 선생님은 크게 스트레스 받지 않고 선생님들과 관계를 잘 맺으며 편안하게 연수를 진행해 주셔서 안내자인 나도 편안하게 수업나눔에 임할 수 있었다.

선생님도 편안하게 자신의 이야기를 해 주셨고 수업친구들도 자신의 틀을 내려놓고 수업자의 말과 시선에 귀 기울이면서 수업나눔이 진행되었다. 그렇게 잘 흘러가다가 직면단계가 되었을 때 수업친구 한 분이 자신의 틀로 평가적인 질문을 하셨다. 그때 순간적으로 약간의 위기감을 느꼈는데 수업자가 그와 관련된 고민을 솔직하게 이야기해 주셨다. 그 고민과 초반에 수업자가 말한 고민을 환기시키면서 어떤 것이 더 고민인지 물어보며 고민을 초점화시켜 보았다. 그 부분에서 안내자인 나의 창을 수업자에게 보여주어야 할지, 아니면 괄호에 넣어야 할지 잠시 고민하다가 나의 창을 잠깐 보여주며 수업자에게 느낌을 물었고 수업자가 계속 고민하는 모습을 보면서 수업에서 내가 가장 아쉬웠던 장면에 대한 피드백과 질문을 해보았다. 그러면서도 내가 너무 앞선 질문을 한 것은 아닐지 걱정이 되었었는데 이 때 수업자의 대답이 놀라웠다. 수업자가 한번도 생각해 보지 않은 질문(너무나도 쉬운데)이라는 것이었다.

수업나눔 후 지하철역까지 나를 데려다 주면서 수업자는 자신의 성찰과 새로운 시도를 했을 때 일어날 수 있는 두려움에 대한 이야기를 들려주었다. 그러한 성찰은 수업자의 수업나눔 후 성찰지에 더 구체적이고 자세하게 기록을 해주어서 수업나눔 안내자로서 고맙기도 하고 기쁘기도 했다.

그러면서 또 한번 느끼고 생각하게 된다. 수업나눔의 주도권은 수업자에게 있다는 것을. 안내자나 수업친구가 얼마큼 공감하고 어떤 질문을 하는지도 중요하지만 그것을 수업자가 어떻게 받아들이고 성찰하는가에 따라 수업나눔의 의미나 깊이도 달라진다는 것을 말이다. 수업친구들과 안내자들은 수업자가 그 길을 잘 가도록 수업자의 마음과 시선으로 함께 머물면 된다. 이번 수업나눔은 안내자인 나에게도 큰 성찰과 보람이 있었던 시간이었다.

그리고 수업나눔 안내자가 수업자에게 수업편지를 쓰는 것으로 마무리하는 방법을 적극 추천하고 싶다. 수업나눔 안내자가 수업나눔 과정에서 느낀 부분을 진심을 담아 수업자에게 편지형식으로 적어보내면 이 또한 서로에게 그 시간을 되새겨 주는 뜻깊은 과정이 될 것이다. 수업코칭연구소 선임연구위원인 한 선생님이 쓴 글을 예시로 실으니 참고하길 바란다.

수업자 김 선생님 마음에 드리는 시 편지
- 〈눈물은 왜 짠가〉 (함민복)

지난 여름이었습니다.
가세가 기울어 갈 곳이 없어진 어머니를 고향 이모님 댁에 모셔다 드릴 때의 일입니다.

어머니는 차 시간도 있고 하니까 요기를 하고 가자시며 고깃국을 먹으러 가자고 하셨습니다.

어머니는 한평생 중이염을 앓아 고기만 드시면 귀에서 고름이 나오곤 했습니다.

그런 어머니가 나를 위해 **고깃국을 먹으러 가자고 하시는 마음을** 읽자 어머니 이마의 주름살이 더 깊게 보였습니다.

설렁탕 집에 들어가 물수건으로 이마에 흐르는 땀을 닦았습니다.

"더운 때일수록 고기를 먹어야 더위를 안 먹는다, 고기를 먹어야 하는데……고깃국물이라도 되게 먹어둬라."

설렁탕에 다대기를 풀어 한 댓 숟가락 국물을 떠먹었을 때였습니다.

어머니가 주인아저씨를 불렀습니다.

주인 아저씨는 뭐 잘못된 게 있나 싶었던지 고개를 앞으로 빼고 의아해하며 다가왔습니다.

어머니는 설렁탕에 소금을 너무 많이 풀어 짜서 그런다며 국물을 더 달라고 했습니다.

주인아저씨는 흔쾌히 국물을 더 갖다 주었습니다.

어머니는 주인아저씨가 안 보고 있다 싶어지자 내 투가리에 국물을 부어주셨습니다.

나는 당황하여 주인아저씨를 흘금거리며 국물을 더 받았습니다.

주인아저씨는 넌지시 우리 모자의 행동을 보고 애써 시선을 외면해 주는 게 역력했습니다.

나는 국물을 그만 따르시라고 **내 투가리로 어머니 투가리를 툭, 부딪쳤습니다.**

순간 투가리가 부딪히며 내는 소리가 왜 그렇게 서럽게 들리던지

나는 울컥 치받치는 감정을 억제하려고 설렁탕에 만 밥과 깍두기를 마구 씹어

댔습니다.

그러자 주인아저씨는 우리 모자가 미안한 마음 안 느끼게 조심, 다가와 성냥

갑만 한 깍두기 한 접시를 놓고 돌아서는 거였습니다.

일순, 나는 참고 있던 눈물을 찔끔 흘리고 말았습니다.

나는 얼른 이마에 흐른 땀을 훔쳐내려 눈물을 땀인 양 만들어 놓고 나서, 아주

천천히 물수건으로 눈동자에서 난 땀을 씻어 냈습니다.

그러면서 속으로 중얼거렸습니다.

눈물은 왜 짠가.

안녕하세요? 김 선생님.

월요일 아침이에요. 새로운 한 주를 시작하고 계시겠네요. 다시 학생들

앞에 서는 선생님의 마음을 떠올리며 편지를 쓰고 있습니다.

5월 초, 여리고 푸르던 신록이 풍성한 초록 그늘로 우리에게 위안을 주

는 5월 후반을 보내고 있네요. 자연은 항상 여러 모습으로 힘을 주네요. 지난

수요일에 용기를 내어 열어주신 선생님의 수업에는 이런 5월의 아름다움이 가

득했어요. 고 3 학생들도 싱그럽고 이를 지켜 보시는 선생님의 눈빛, 손짓, 말

한마디가 초록이었습니다.

수업을 보는 내내 청량감을 느끼며 이런 수업 분위기, 관계, 만남 이면에

숨겨진 선생님의 마음은 위 시 아들을 위해 고깃국을 먹으러 가자는 엄마의 마음이었을 거라는 생각이 들었어요.

긴 세월 동안 한문 교과를 통해 '어떻게'에 관한 문제를 고민하기 전에 '왜'라는 고민을 먼저 하신 선생님이기 때문입니다. 지난 5년 동안 입시 교육의 단단한 무게를 견디면서도 고3 학생들을 사랑하시기에 '왜 한문을 가르쳐야 하는지' '무엇을 위해서 학생 참여식 수업을 해야 하는지' 수업나눔을 통해 알 수 있었기 때문입니다.

<마음에 새기는 구절 – 짧은 말, 깊은 울림> 단원 수업에는 그런 김 선생님의 학생을 향한 사랑이 담겨있었습니다. 입시라는 벽 앞에서 효율성을 추구하기보다는 '삶을 살아가는 지혜, 자신을 일으켜 줄 한 마디'라도 짧은 문장에서 발견해 학생들 자신의 삶에 흘려보내길 원하는 사랑이 느껴졌습니다.

어쩌면 지난 수업 시간 동안 투가리로 툭 툭 말로 하지 않아도 선생님의 작고 소소한 행동 하나가 학생들에게 마음으로 전해졌겠지요. 학생들도 잘 알고 있더라고요. 인터뷰에서 알 수 있었답니다.

떨리죠. 천천히. 여러분이 주인공이 돼서 발표하는 거예요.

1조. 사연이 많아요. 기분 좋았어요. 잘 정리해 줘서 고마워요. 마음은 보여지지 않아요. 그게 포인트예요.

2조. 사람을 얻는 비결 멋있고, 여러분의 토의 결과를 들으니 감격이 몰려옵니다.

3조. 그림을 볼게요. 작업할 때 귀 그림을 유심히 봤어요. 뜻이 없는 게 더 힘들더라구요.

4조. 선생님께 듣던 이야기를 친구들과 토의한 내용으로 들으니 참 좋아요.

5조 - 삽화도 예쁘게 그렸네요. 우리 지민이 노트 한 번 봐줄래요? 정성
껏 글씨를 잘 써서 선생님께서 조 발표가 끝나면 해주셨던 피드백
을 정리해 보았어요.

2차시 학생들이 토의하는 과정, 발표 자료 준비하는 과정을 눈여겨보시
고 본시에 발표를 끝낸 친구들에게 해 주신 말씀이에요. 발표한 친구뿐만 아
니라 조원 모두에게 해주시는 말씀 하나하나에 한문 교과에 대한 신념과 학생
에 대한 관심, 격려가 담겨 있었어요.

공부를 잘하지 못하더라도 입시를 떠나 친구들 앞에서 선생님께 듣는 힘
주시는 작은 말 한마디가 발표에 대한 해석과 평가보다 정말 좋았답니다.

투가리 부딪치는 소리에서 엄마의 가난에 대한 미안함, 아들에 대한 안
쓰러움. 더 못해 준 사랑을 온전히 느꼈던 것처럼 수업에서 탁월하지 않아도,
비효율적이도 사랑의 공기 안에 잠기는 것처럼 친구와 토의하면서, 친구의 발
표를 들으며 , 자신의 슬픔과 꿈을 이루고 싶은 소망과 인내하는 시간들과, 견
디며 가자는 응원의 말을 들으며 학생들은 성장했을 것 같아요.

수업 고민에 쓰신 호응을 안 하는 학생들에게 하도록 변화시키는 에너지
는 선생님께로부터 흘러나온다는 생각이 들었습니다. 이제 6월을 지나 9월로
넘어가는 동안 선생님의 고민이 더 치열해지시겠지만 선생님께서 고3 학생들
의 희망과 사소한 두려움, 상처받은 감정 앞에서 한문 수업이 '왜' 그들에게 도
움이 되는가를 고민하시는 만큼 '눈물은 왜 짠가'를 학생들과도 함께 경험하

리라 생각돼요. 2017년 이 힘든 여정을 수업친구, 수업동아리 선생님들과 함께 가실 수 있게 되어 얼마나 다행인지요. 저도 적은 힘이나마 올해는 oo고 선생님들을 도울 수 있어서 참 감사해요.

선생님, 저도 이번 수업나눔을 통해 많은 걸 깨달을 수 있어서, 그런 선물을 저의 삶에 가져 갈 수 있어서 정말 좋았습니다. 바쁜 일과 속에서 행정 업무에 치인다는 핑계로 효율성이 앞서 갔던 저의 수업을 다시 되돌아보며 '왜' '무엇을' 가르쳐야 할지를 김 선생님의 고민과 마주 하며 다시 저를 성찰해 보았습니다.

지난 시간 동안 고민 앞에서 누구보다 힘들었을 선생님, 많이 애쓰셨어요.

앞으로의 시간은 외롭지 않게 수업친구와 함께 걸어가시길 소망합니다.

학생들의 인터뷰 영상도 함께 보내드립니다. 행복하시고 건강하세요.

2017. 5. 22. 수업나눔 안내자 김oo 드림

수업친구에서
수업나눔 실천학교로

    수업나눔이 단위학교를 중심으로 진행되려면 수업나눔에 함께 참여할 교사들이 수업나눔에 대한 연수를 듣고 어느 정도 준비가 되어있어야만 가능하다. 그렇다면 혁신학교도 아니고 수업에 대한 목마름을 가진 교사들도 많지 않을 때는 단위학교 내 수업나눔을 포기해야 하는가?

    일단 한 명의 친구로 시작할 수 있다. 그것을 수업친구 만들기라고 부르는데, 수업친구 만들기[8]란 비공식적인 일대일 동료성을 기반으로 서로 수업을 열고 함께 수업에 대해 나누자는 운동이다. 학교 안에 수업공동체가 없어도 수업나눔을 함께할 한 명의 교사만 찾으면 시작할 수 있기 때문에 수업친구 만들기를 통해 자연스럽게 수업동아리, 수업공동체로 발전할 수 있어서 학교문화를 아래에서부터 바꾸는 상향식 운동의 좋은 움직임이 될 수 있다.

    이 운동은 교사의 동료성을 기반으로 하고 있는 관(官)주도적 수업개선 프로그램의 한계를 넘어 사적인 차원에서 서로 수업을 나누면서 스스로 성찰의 힘을 키워가는 방향을 제시해 주고, 동료교사들 간에 수업에 대한 대화를 통해 함께 성장할 수 있는 가능성을 보여주고 있다. 즉 수업전문성을 원하는 교사가 연수나 강의를 듣고 적용하는 '의존적 존재'가 아니라 수업 전문가로서 스스로 성찰하고 바꿔갈 수 있는 '능동적 존재'가 될 것을 강조하고 있다.

그러나 수업친구 만들기 운동이 학교문화를 바꾸는 데까지 이어지는 것에는 한계가 있다고 보았다. 개인적으로나 수업동아리 차원에서 수업을 열고 자신의 고민을 나누면서 깊이 성찰하는 나눔의 맛을 느낄 수 있지만, 여전히 학교는 공식적인 수업협의회가 주류적 문화를 이루고 있고 이에 대한 변화가 없다면 수업개선운동은 힘을 받기가 어렵다. 그렇지만 위에서부터 아래로 내려오는 하향식 방식으로 교사를 개혁의 객체로 삼아온 그동안의 한계는 더욱 분명하게 드러나고 있다. 최근 학교단위의 학교혁신운동으로 중간단위 기관의 변화가 위(교육청, 교육부 등)와 아래(교사, 교실문화, 실제 수업 등)를 견인하는 수업문화 변혁으로 이어지고 있는데 이런 운동이 가장 효과적이라 생각한다. 수업협의회는 교사의 본질적인 업무인 수업을 매개로 전문가답게 소통하는 자리다. 최근에 교사들의 성장과 학교문화 변화를 위해서는 전문적 학습 공동체(PLC: Professional Learning Community)가 학교현장에 살아 있어야 한다는 사실이 강조되고 있다. 무엇보다 실제적인 수업을 사례로 함께 연구하는 수업협의회를 질적으로 변화시키는 것이 전문적 학습공동체의 핵심이라는 공감대가 확산되고 있는 추세이기 때문이다.

좋은교사 수업코칭연구소는 수업친구 만들기 운동을 넘어서 교사가 성장할 수 있는 생태계를 만들기 위해 공식적인 학교문화를 바꾸기 위한 시도를 끊임없이 해오고 있다. 2014년부터는 단위학교에 긴 호흡으로 들어가서 수업나눔 문화를 정착시키는 운동을 펼쳐왔는데, 2014년 일산 신능중을 시작으로, 2015년은 소명여중, 원당중, 연현중, 동학중, 화홍중, 이천양정여중, 경안고, 수원제일중, 양평고, 이천고, 전주신흥고, 전주영생고 12개 학교에서 실시하였다. 2016년은 본격적으로 신청을 받아 수업나눔 실천학교로 선정된 양평고, 선사고, 산본고, 판교중, 익산부송중, 금성여중, 광주봉선초, 신용중 8개 학교에 지속적으로 들어가게 되었다.[9] 이제 수업나눔 실천학교의 이야기를 중심으로 수업나눔이 학교 현장에 어떤 의미로 다가가고 있고 어떤 어려움이 있는지 살펴보고자 한다.

수업 톡톡 talk! talk!

1. 수업나눔 프로세스를 보면서 기존 수업협의 방식과 어떤 점이 다르다고 느껴지나요?

2. 실제로 수업나눔 전 성찰지를 작성하여 함께 수업고민을 나눠봅시다.

4장

수업나눔,
학교에
들어가다

전국적으로 혁신학교의 바람이 불면서 학교 안에 전문적 학습공동체란 이름으로 다양한 모임과 연수가 진행되고 있다. 이와 더불어 한 학기에 한 번 이상 자신의 수업을 공개하고 동학년, 동교과끼리의 장학이 의무화처럼 되기 시작하면서 수업코칭연구소에 연수를 요청하는 경우가 많아지기 시작했다. 이 요청에 부응하여 전국의 여러 학교를 돌아다니면서 연수를 하다 보니 일회성의 연수로 수업나눔 프로세스를 소개하는 연수보다는 5회 이상의 지속적인 연수를 통해 학교 안에 수업을 나눌 수 있는 공동체를 만드는 것이 필요하다는 생각이 들기 시작했다.

그동안 연수를 요청하면 그것에 반응하는 식으로 연수를 진행해 왔다면 이제는 수업나눔을 바탕으로 전문적학습공동체를 만들고 싶어 하는 학교들을 대상으로 연수를 진행하면서 교사와 공동체가 어떻게 성장하며 학교에는 어떤 변화가 일어나는지 알아보고 싶었다. 2016년부터 수업코칭연구소에서는 수업나눔 실천학교를 공모해서 학교를 선정하고 수업나눔 프로세스를 기반으로 연수를 진행한 후에 설문지나 인터뷰를 통해 자료를 모아 정리했다. 학교별로 참여자수와 연수시간, 수업나눔 모델 형태가 다양했지만 참여한 교사들의 만족도(4.12/5점 만점, 2016년 조사기준)와 필요도(4.38/5점 만점)는 비교적 높게 나왔다.[10]

이 장에서는 그간의 연수를 통해 수업나눔을 경험한 교사들이 느낀 수업나눔의 의미와 어려움을 살펴보고, 형식적인 연수나 모임이 아닌 교사들이 성장할 수 있는 수업나눔과 교사공동체를 만들기 위해서 어떤 노력이 지속적으로 필요한지에 대한 이야기를 해보려고 한다.

수업나눔의 의미

    학교를 돌아다녀 보니 여전히 교사는 바쁘고 이전보다 더 힘이 든다는 이야기를 많이 듣게 된다. 아무리 좋은 프로그램이라고 해도 이렇게 힘들어하는 교사들에게 하라고 권유하는 것이 과연 올바른 방법일까? 무언가를 하나 더 해야 한다는 짐을 지우는 것은 아닐까? 학교를 찾아갈 때마다 이런 부담감을 떨쳐버릴 수가 없다. 하지만 연수를 마치고 힘과 위로가 되었고 의미 있는 연수였다는 선생님들의 피드백을 들으면 뿌듯함을 느끼기도 한다. 수업나눔 실천학교 선생님들의 연수 후 설문지와 인터뷰를 통해서 이런 피드백이 단순히 일회성이 아님을 알게 되었고 이를 바탕으로 수업나눔이 선생님들에게 어떤 의미 있는 경험들로 다가왔는지 몇 가지로 나누어 정리해 보았다.

마음이 연결되면서 존재로서 만나는 시간

사실 동료교사에 대한 신뢰의 감정을 갖기 어려웠어요. 그런데 수업코칭강사의 안내로 서로의 수업과 삶을 나누다 보니 '나와 같은 고민을 가진 교사구나'라는 마음이 들면서 참으로 공감이 되고 제 마음속으로 동료교사들이 들어오더라구요. 사실 알게 된 지 오래된 선생님들인데, 지금까지 이런 이야기를 해 본 적이 없는 것 같아요. 함께 연대의식이 생겨나고 신뢰감이 들어서 수업나눔을 할 때 편안했습니다. - C중학교 연수실무자 L과학교사

운동경기에 참여하기 위해서는 충분한 기초 연습이 필요하듯 수업나눔을 위해서도 서로의 이야기를 잘 듣고 비춰주면서 정서적 안전지대를 만드는 시간이 필요하다. 또한 자신이 듣고 본 사실을 바탕으로 수업자가 스스로 성찰하도록 경청하고 질문을 연습하는 워크샵이 잘 이루어져야 수업나눔에서 수업자의 고민과 의도를 이해하고 인정하면서 서로를 존중하는 마음으로 이야기를 나눌 수 있다. 이를 위해, 수업나눔 연수는 1회에 3시간씩, 3~5회차 정도의 긴 호흡으로 진행된다. 처음에는 연수 섭외자나 참여자들이 연수시간이 너무 길지 않느냐며 불만 섞인 반문을 한다. 그렇지만 실제 연수에 참여하면서 3시간이 생각보다 빨리 지나가고 3~5회의 연수시간이 꼭 필요하다는 사실을 경험하게 된다. 1대 1 코칭으로 수업자를 세 번 만난 경험이 있다. 고등학교 1학년 영어수업이었는데 학생들의 절반 이상이 수업에 흥미를 느끼지 못한 채 졸거나 딴짓을 하고 있었고, 수업에

참여하기 싫은 학생 한 명이 지속적으로 수업을 방해하고 있었다. 교사는 그 아이들을 제지하지 않고 내버려 두면서도 자신의 수업에 집중하는 10여 명의 학생이 있으니 상관없다는 생각을 하고 있었다. 그러면서도 수업에 의미 있는 부분들이나 학생들의 긍정적인 피드백으로 격려를 해주었을 때 자신이 수업을 잘하지 못하기 때문에 일부러 이런 격려를 해주는 것이냐는 반응을 보였다. 격려도 받지 않고 직면도 잘 안 되는 수업자에게 어떻게 하는 것이 좋을지 참으로 막막했다. 그 순간 마음 한 편에서 이런 목소리가 들렸다. '수업자에게 무엇을 어떻게 해주려고 애쓰지 말고 수업자의 마음에 함께 머물러보자. 또 내가 알지 못하는 그 무엇으로 수업자를 코칭하거나 도우려고 하지 말자.' 이런 마음으로 세 번의 만남을 마쳤고 수업나눔 후 성찰지를 받았을 때, 예상 밖의 내용으로 깜짝 놀랄 수밖에 없었다.

'수업관찰과 나눔이 무슨 변화를 가져올 수 있겠어?' 하는 회의적인 의문이 들 수도 있겠으나, 마음을 낮추고 진지하고 솔직하게 자신의 수업을 성찰하고 이를 누군가가 가치판단 없이 들어주며 방향을 잡아주었을 때, 내 수업이 실패한 수업이 아니라는, 자신을 향한 회복과 치유가 일어나는 경험을 얻게 되었다. 수업을 잘 진행하지 못하고 학생들을 제대로 통제하지 못하는 모든 원인이 능력 있는 교사가 되지 못한 내 책임이라는 관점에서 벗어나 나는 학생들과 소통하고 관계에 집중하고 있는 교사라는 관점을 얻게 되었을 때, 그 안도감이 학생들과의 수업을 기다릴 수 있는 교사가 되게 해주었다.
- S고등학교 C영어교사

이 경험을 통해 수업자의 이야기를 진심으로 경청하면서 머무르는 것이 얼마나 중요한지 새삼 깨닫게 되었다. 그런 상황에서 수업자는 자신의 어려운 점을 편안하게 이야기할 수 있게 되고, 수업친구들이 자신의 고충을 공감하고 고민에 머물러주는 과정을 통해 마음이 연결되고 존재로서의 만남을 경험하게 된다.

수업에 대한 이해가 넓어지는 시간

현재의 내 수업을 다른 각도에서 들여다볼 수 있는 기회가 되었어요. 내 수업에 대해 이야기하다 보니 내가 깨닫지 못한 내재된 생각이 있다는 것을 알게되고, 그 부분에 대해 고민해 본 경험이 매우 의미 있었어요. 기존에 이렇게수업을 본 적이 없었어요. - C중학교 P과학교사

제삼자의 관점으로 다른 교과의 수업을 보며 교사의 의도, 입장, 학생의 상황,변화, 반응을 볼 수 있었어요. 다양한 방법으로 학습하는 것을 의미 있게 보면서 새로운 수업 접근법을 습득할 수 있었고 기존의 수업방식에 대한 고찰과반성이 이루어지면서 수업을 보는 관점의 전환, 해석의 다양성을 경험하게되었어요. - S고등학교 K국어교사

수업나눔을 통해 교수학습의 방법적인 측면에서 생각하지 못했던 부분을 알게 되었고 학생들이 모두 참여하는 수업이 되어야겠다고 느꼈습니다. 또 학

생 입장에서 이해하고 배려하는 수업을 해야겠다고 생각하게 되었습니다.
- S고등학교 H수학교사

교사는 기본적으로 수업에 대해 자기 생각과 틀을 가지고 있다. 뿐만 아니라 수업협의회의 경험과 여러 차례의 연수를 통해 좋은 수업의 틀이 어떤 것인지 잘 알고 있다고 생각한다. 그러나 수업나눔에서는 기존의 정해진 틀에 얽매이지 않고 수업자의 시선으로 수업을 관찰하고자 노력한다. 이렇게 관찰한 장면에 대해 수업친구들은 구체적으로 피드백을 해주고 다양한 질문을 통해 수업자 스스로 성찰하게 하며, 이런 과정을 거치면서 수업자는 그동안 보지 못했던 수업의 많은 부분을 재발견하게 된다. 이런 교훈들은 이론이 아닌 실제 수업을 통해 얻은 것이기에 교육학 전문서적에서도 볼 수 없었던 수업의 다양한 면들을 체험하게 해 준다. 이런 과정을 지속하다보면 기존에 자신이 알고 있던 수업의 틀에서 벗어나 폭넓고 다양한 관점에서 수업을 이해하게 된다.

격려와 지지로 에너지가 채워지는 시간

이렇게 긴 시간 수업에 대해 이야기를 나눌 수 있다는 것이 신기해요. 제 수업의 구체적인 장면을 제시해 주시면서 격려와 지지를 보내주시니 행복한 수업나눔이었어요. 이런 수업공개라면 또 하고 싶어요. - S고등학교 L정보교사

기존의 보여주기식 수업이 아니라 평소의 수업 그대로를 누군가에게 공개한다는 것 자체가 저에게는 큰 변화였어요. 학생 중심의 수업을 너무 오래전에 해 보았기에 모둠 수업을 잘 이끌어나갈 수 있을지 3월 초에는 걱정도 했었지만, 수업나눔에서 동료교사들이 해 주신 말씀에서 제가 지금 하는 수업이 그리 나쁘지 않다는 느낌을 받았고 수업에 대한 자신감을 갖는 계기가 되었어요. 수업나눔을 통해 받은 지지와 격려가 앞으로 수업을 준비하고 아이들과 함께 하는 데 큰 힘이 될 것 같아요. - S고등학교 K영어교사

수업나눔에 함께하신 선생님들이 수업내용의 깊이에 대해 많은 말씀을 해 주셨어요. 자신감 있게 수업 내용을 이끌어 나갔고 아이들의 시선을 교사에게 집중시킬 수 있어서 어렵고 깊이 있는 내용임에도 불구하고 아이들이 따라갈 수 있었다고 말씀해 주셨어요. 중학교 시절에 이런 교양을 쌓을 수 있다는 것에 학생들을 부러워하는 선생님도 계셨고요. 또 아이들의 컨디션에 대해 관심을 두면서 "힘들지? 나도 힘들다"라는 표현을 여러 번 사용했는데, 제 말이 아이들에게 크게 위로가 된 것 같다고 격려해주셨어요. - S중학교 Y음악교사

기존의 수업장학이나 컨설팅은 수업자의 자기반성에 이어 참관자들이 수업에서 고치거나 개선해야 할 점을 주로 이야기하기 때문에 교사들은 더욱 위축될 수밖에 없다. 수업나눔에서는 수업의 구체적인 장면을 통해 수업의 의미 있는 부분을 비춰주고 메타포를 사용해서 교사의 수업을 표현해 준다. 또한 수업직후 학생들이 작성한 설문지에 근거해서 수업자에게 수업의 특징을 이야기해 준다. 수업에

대한 구체적인 피드백을 통해 수업자는 수업에 대한 자신감을 얻게 되고 이전에 미처 알아차리지 못한 부분에서 자신의 장점을 깨달으면서 격려와 지지를 받게 된다. 이러한 경험은 수업공개에 대한 부담감을 덜어주고 수업의 고민을 마주할 용기를 갖게 해준다. 또한 지속해서 수업공개가 가능하게 도와주며 수업공동체를 형성하는 윤활유 역할을 하게 한다.

교사로서 자존감이 회복되는 시간

수업에 대한 평가가 아니라 수업자 스스로 깨닫게 도와주는 부분이 인상 깊었어요. 수업에 대해 이해해주고 고민을 함께하면서 내가 존중받고 있다는 생각이 드니 교사로서 자존감이 더 생기게 된 거 같아요. 사실 최근에 아이들에게 상처받지 않으려고 아이들을 포기해 버릴까 하는 마음이 있었는데, 다시금 시작할 용기를 얻었어요. - S중학교 C도덕교사

수업나눔을 통해 깨달은 것은 내가 잘하는 것보다 잘못하는 부분에 훨씬 더 민감하다는 사실이었어요. 수업에 대해서도 자신감이 없고 당당하지 못했구요. 수석교사로서 일정 수준의 수업을 보여야 한다는 부담감에 사로잡혀 지난 한 주간은 삶에서 수업과 내가 분리되지 않고 있음을 경험했지요. 수업나눔을 통해 이것이 어려서부터 인정받지 못한 데 대한 불안함에서 오는 인정욕구임을 다시 한번 확인할 수 있었어요. 수업을 통해 어떤 평가를 받든지 내

가 하고자 하는 바에 충실하면서 부정적인 생각을 내려놓는 시도를 지속해야
겠다는 생각이 들었어요. 나 자신에게 이런 말을 해 주고 싶어요. '괜찮아, 잘
하고 있어. 네 기준도 가짜야. 거기에 매이지 말고 내려 놔. 넌 자유야.'

- S중학교 K국어교사

기존 평가중심의 수업협의회는 수업을 공개한 교사가 잘못을 지
적받고 수정 또는 보완을 요구받지만 실제로 그것이 수업의 변화로
이어지는 경우는 그리 많지 않다. 오히려 교사들의 자존감을 무너뜨
리는 부작용이 훨씬 더 많다.

이런 경험들 때문에 실제로 성찰중심 수업나눔을 진행할 때도
수업자들이 자신의 수업에 대해 반성하는 태도로 이야기하는 경우가
많다. 그렇지만 안내자의 질문에 따라 자신의 수업에 대한 맥락과 상
황을 충분히 나누다 보면 자신도 모르게 내면의 힘을 얻게 된다. 그
동안 학교문화가 수업에서는 고립된 부분이 많았기 때문에 현재 교
사 자신의 수업이 만족스럽지 못한 이유가 자신의 능력이 부족해서
라고 생각하는 경우가 많다. 그러다가 수업나눔을 진행하면서 다른
교사들도 자신과 똑같은 문제를 고민하고 있음을 알게 되면서 위로
와 동질감을 느끼게 된다. 또한 '나만 잘못하고 있구나, 나한테 문제
가 있는 게 분명해.'라는 부정적인 생각에서 벗어나 조금씩 교사로서
의 자존감을 회복하게 된다.

교사로서의 삶에 대한 본질적인 고민의 시간

수업나눔을 하면서 방법적인 측면의 수업개선뿐만 아니라 수업에 대한 다양한 이야기를 나누고, 고민하고, 성찰하는 과정이 의미가 있었어요. 선생님들의 내면적 고민을 들으면서 교사로서 살아가는 이유, 즉 본질을 고민하게 되더라고요. 어쨌든 수업나눔은 묘한 매력이 있네요. - S고등학교 K사회교사

'나만 그렇게 생각한 것이 아니었네.' 이런 마음이 많이 들더라구요. 수업에서 두렵고 아프고 힘든 마음을 나눌 때 뭔지 모를 동질감이 느껴졌어요. 그러면서 마음과 생각을 좀 더 객관적으로 바라보게 되고 교사로서 내 삶의 정체성을 다시금 돌아보는 시간이 되었어요. - K중학교 L과학교사

형식적이 아닌 실질적인 나눔, 수업자의 내면을 끄집어내는 기회를 통해 삶과 수업을 본질적으로 바라보게 되면서 또 다른 자아를 찾아 나가는 과정이었던 것 같아요. - S고등학교 M미술교사

그동안 공개수업을 많이 했었고 수업평가회도 여러 번 했었는데, 이번 연수에서 수업나눔의 경험은 특별했습니다. 수업나눔을 통해 선생님들의 수업뿐만 아니라 삶까지도 함께 나눌 수 있다는 사실에 희망을 발견하게 되었어요.
- Y고등학교 J수학교사

교사 대부분이 수업협의회의 목적이 수업개선에 있다고 믿고 있

기 때문에 수업나눔을 통해 삶을 나눈다는 말에 의구심을 갖게 된다. 수업은 공적인 영역이라 나의 사적인 삶과는 분리되었다고 생각하기 때문이다. 그러나 성찰중심 수업나눔은 교사의 신념이 왜 중요하게 되었는지 살펴보게 된다. 또한 수업에서 머뭇거리고 불편해하며 고민하는 지점에서 수업자의 마음과 생각이 어떠했는지 이야기를 나누다 보면 자연스럽게 수업자 자신의 삶과 내면의 깊은 감정을 이야기하게 되고, 교사로서의 삶에 대해서도 본질적인 고민을 하게 된다.

학생과의 관계 및 일상에서의 소통이 깊어지는 시간

학생들 간의 관계도 훨씬 더 편안해지고 새로운 도전을 하고 싶은 용기를 얻게 되었습니다. 저는 수업성찰과 수업나눔이 학교공동체를 물들이고 있다고 표현하고 싶어요. 눈에 띄는 큰 변화는 아니지만, 서서히 공동체성을 회복하면서 수업에 대한 고민을 교무실에서 이야기 하는 문화가 형성되었어요.
- K중학교 Y과학교사

일상의 대화에서 소통이 이전보다 더 깊어졌어요. 실제로 아이들에게 물어보니 수업시간에 활동이 많아졌다고 합니다. 선생님들이 서로 수업공개를 하면서 아이디어를 얻고 큰 노력을 하시니까 아이들이 수업시간이 즐겁다고 이야기해요. - Y중학교 K연구부장교사 수업나눔은 수업자의 교수능력만 보는 것이 아니라 교사와 학생들과의 관계, 학생들끼리의 관계를 주의깊게 관찰하고 구체적으로 이야기를 나눈다. 이런 과정을 통해 수업시간에 불편했던 학생들을 다른 관점에서 바라보게 되고 그 학생을 불편해하는 자신의 마음이 어떤 것이었는지를 좀 더 명확히 알아차리게 된다. 이런 알아차림은 학생에 대한 교사의 마음을 새롭게 하고 학생들과의 관계개선을 시도하도록 용기를 준다. 수업나눔 속에서 교사가 자신 안에 있는 감정과 생각들에 대한 공감과 지지를 경험하게 되면 그 경험은 고스란히 학생들에게 흘러가게 된다. 교사는 이전보다 학생들의 말을 경청하고 이해하면서 학생들과 관계가 편안해지고 마음의 평안도 얻는다. 또한 서로의 고민을 이해하게 되면서 동료교사들 간의 관계가 좋아지고 교무실에서 수업에 대한 대화가 많아지고 소통이 깊어지는 등 학교문화도 조금씩 변화하게 된다.

Y고등학교에서 연수와 더불어 수업나눔을 30시간 정도 운영한 적이 있다. 전교사가 70여 명이 되는 큰 학교에서 30여 명이 저녁 6~9시까지 연수를 한다는 것은 그리 쉬운 일이 아니었다. 당연히 집중력도 떨어지고 연수 후에 진행된 몇 번의 수업나눔에 선생님들의 참여도와 호응도 적어 기대했던 것만큼 수업나눔이 잘 이루어지지 못했다고 느꼈다. 마지막 연수가 끝나고 회식을 하는 자리에서 우연히 교장선생님 앞에 앉게 되었다. 그때 교장선생님께서 "선생님 덕분에 학교가 많이 바뀌었어요."라고 말씀하셨다. 그냥 형식적인 말씀이

라 생각하면서 왜 그렇게 생각하셨는지 이유를 물으니 "학교 순회를 하는데 교실에서 들려오는 아이들의 목소리가 달라졌어요." 하시는 거다. 집으로 돌아오는 길에 왜 그런 변화가 일어났을까 곰곰이 생각해 보았다. 분주한 학교생활 속에서 밤늦은 시간까지 연수에 참여하는 선생님들의 마음이나 집중도는 제각기 달라 수업나눔의 문화를 형성하는 것은 어려웠지만, 몇 번의 연수를 통해 경험했던 경청과 소통의 연습은 수업시간에 아이들을 대하는 태도에 영향을 미쳤을 거란 생각이 들었다. 그 이후 여러 학교에서 연수를 진행한 후 피드백을 들으면서 그때의 내 추측이 맞았다는 것을 확인할 수 있었다.

수업나눔의 어려움

    앞의 사례들처럼 수업나눔이 교사와 수업, 학교에 여러 가지 의미 있는 영향들을 끼쳤지만 실제 연수를 진행하고 학교현장에 적용되기까지는 많은 시행착오와 어려움이 있다. 학교는 여전히 수많은 업무처리와 예기치 못한 많은 문제 상황들로 바쁘게 돌아가고 있다. 연수에 참여하는 선생님들의 동기도 다르고 아직 낯설고 부담스럽기까지 한 수업공개와 수업나눔에 대한 이해도 부족한 상황에서 수업나눔에 시간과 에너지를 쏟는 일은 쉬운 일이 아니다. 이런 현상은 일반학교뿐만이 아니라 혁신학교도 마찬가지다. 일반학교와 별로 다른 점이 없든지 다른 혁신업무를 처리하느라 오히려 더 지쳐있는 경우도 있었다. 그렇다면 이런 환경 속에서 연수에 참여한 선생님들이 경험하면서 느낀 수업나눔의 어려움은 무엇이었을까?

시간에 대한 부담감

시간이 부족해서 힘들었어요. 바쁜 학교 일과만으로도 피곤한데 두 시간 동안 수업나눔에 참여하는 것은 너무 부담스러워요. 차라리 방학 때 1박 2일로 진행했으면 좋겠어요. - S중학교 K국어교사

선생님들이 열정이 있다는 실무자의 말을 듣고 방문한 혁신학교였지만, 막상 연수를 진행해 보니 바쁜 일과 후에 3시간 강의는 선생님들에게 부담감으로 다가옴을 느낄 수 있었어요. 퇴근 시간이 가까우니 한두 분 자리를 빠져나가고 연수가 끝날 때쯤에는 절반 정도의 교사들만 자리를 지키고 있었지요. 이런 현상은 이후 이어진 8회의 연수와 수업나눔을 하는 동안 크게 바뀌지 않았어요. - S고등학교 연수를 진행한 K수업코치

수업나눔이 중요한 이유는 교사들의 본질적 업무이자 가장 큰 고민인 수업에 관해 이야기하기 때문이다. 그러나 학교현장은 각종 업무와 행사와 사건 등으로 정신없이 바쁘기 때문에 수업에 신경 쓸 겨를이 없다. 아무리 수업나눔이 좋은 것이라고 해도 매일 수업을 진행하기 위해 교재연구를 해야만 하는 교사들에게 두 시간 이상을 투자한다는 것은 부담이 될 수밖에 없다. 사토마나부가 쓴 「수업이 바뀌면 학교가 바뀐다」의 내용처럼 학교장이 의지를 가지고 업무를 단순화하여 수업을 보고 나누는 일에 우선순위를 두지 않는 이상 수업 공개와 수업나눔은 몇몇 혁신학교나 열정이 있는 교사공동체가 아니

면 지속하기가 힘든 일이다.

비자발적인 참여

학교에서 전체적으로 추진하다 보니 선생님 중에서 힘들어하는 분이 여러 명 계신 것 같아요. 수업공개와 수업나눔을 경험해 보는 것은 좋지만 좀 더 깊은 수업나눔이 되기 위해서는 원하는 사람들끼리 진행하면 좋겠어요. 정례화해서 하되 자발적 참여가 필요하다는 생각을 합니다. - Y고등학교 P영어교사

　　학교실무자가 연수를 신청해서 학교를 방문해 보면 다양한 욕구를 가진 교사들을 만나게 된다. 수업나눔이 무엇인지, 연수에서 무엇을 배우는지 전혀 알지도 못한 채 위에서 정한 연수이고 오지 않으면 안 될 것 같은 분위기라 마지못해 앉아있는 교사들도 적지 않다. 어떤 교사는 일거리를 가져와 연수 중에 업무를 보기도 하고, 어떤 교사는 아이들처럼 핸드폰을 만지작거리거나 뒤에 앉아 잡담을 나누기도 하고, 어떤 교사들은 퇴근 시간만을 기다리며 어설프게 연수를 듣고 있다. 본인은 참여하고 싶지 않은데 혁신학교여서, 동학년이어서, 학교에서 추진하기에 어쩔 수 없이, 비자발적이고 강제적으로 참여하는 교사들에게는 수업나눔뿐만 아니라 어떤 연수라도 의미 없는 시간으로 여겨질 것이다.
　　그나마 실제 수업나눔을 하기 전에 3~4회의 연수가 진행되면 비

자발적인 참여자들이 수업나눔의 취지와 방법들을 알게 되면서 서서히 마음이 열리고 수업나눔에 대한 이해가 생겨, 이후 수업나눔이 잘 진행되기도 한다. 하지만 교장이나 실무자의 욕심이 앞서서 전체연수를 한 번 짧게 하고 바로 전학년 수업나눔을 하게 되면 형식만 수업나눔일 뿐 내용상으로는 기존의 수업협의회의 모습을 벗어나지 못하는 경우가 많다. 똑같은 과정으로 연수를 진행해도 학교 분위기와 연수 참여자들의 심리상태, 동료교사들과의 관계성에 따라 수업나눔의 결과 또한 다양한 모습으로 나타난다.

직면단계의 어려움

수업나눔이 깊어지려면 격려단계에서 머무르지 않고, 수업자에게 성찰적 질문을 잘 던져서 스스로 직면할 수 있도록 해야 하는데, 그 과정이 쉽지 않더라구요. 저 자신도 모르게 수업에 대한 평가나 조언을 하고 있었어요. 나중에 성찰적 질문 만들기 연수를 들을 때 아차 싶더라구요. 이 부분에 대한 더 깊은 연수와 실행이 필요하다는 생각이 들었습니다. - K중학교 K과학교사

수업나눔의 프로세스 중에 교사들이 가장 어려워하는 단계가 직면단계이다. 기존의 수업장학, 수업컨설팅과 같이 문제가 있고 고쳐야 할 수업장면을 관찰자가 지적하면서 본인이 알고 있는 대처방법을 말하는 것이 아니라 수업자 스스로가 자신의 수업 문제와 고민을

성찰하도록 질문을 던지는 단계이다. 그런데 수업나눔의 시간이 부족하다 보니 이해와 격려단계만 집중하다가 직면단계는 간단하게 넘어갈 때가 많다. 어쩌다 직면단계에 충분한 시간이 주어져도 과거의 습관에 벗어나지 못한 채 질문을 가장한 충고나 지적을 하는 경우도 많다. 그만큼 수업자에게 초점을 둔 질문을 던지는 것이 어려운 일이다. 수업나눔은 매뉴얼대로 진행하는 것이 아니기 때문에 수업자의 고민에 함께 머물면서 질문을 통해 수업자가 어떻게 성찰해 가는지 경험을 많이 하다보면 직면단계의 어려움도 점점 사라질 것이다.

여전히 부담스러운 수업공개

수업나눔에서 일상의 수업을 공개한다는 것이 쉽지 않아요. 수업공개에 들어가면 벌써 아이들 태도부터가 달라지거든요. 그래서 여전히 보여주기식 수업공개라는 생각이 들기도 합니다. 더군다나 저 같은 경우 이 학교에 처음 와서 낯선 상황인데, 그분들과 함께 고민을 나눈다고 생각하니 부담스럽더라구요.
- S중학교 L국어교사

우리 학교에서는 전교사가 수업나눔을 하다 보니 업무의 연장처럼 느껴집니다. 자발적인 수업공개가 아닌 수업나눔을 위한 수업공개여서 여전히 부담으로 다가와요. 공개하는 수업이 과연 나의 수업일까 하는 의문을 지워버릴 수 없네요. - S고등학교 K체육교사 수업나눔이 이루어지기 위해서는 사전에 연구하고 준비한 잘된 수업이 아니라 일상적인 수업을 공개해야 한다. 그러나 인간의 본성상 아무리 일상적인 수업을 공개하려고 마음을 먹어도 참관자들을 신경 쓰지 않을 수 없다. 그동안 자기 교실에서 혼자 수업하고 혼자서 업무를 추진하던 교사들에게는 자신의 민낯의 수업을 보여주고 함께 수업을 나누는 것은 낯설고 불편한 일이 될 수밖에 없다. 자신도 잘 들여다보지 않았던 속마음을 다른 사람들에게 내어놓고 그 행동과 이면의 패턴을 알아차리기란 쉽지 않은 일이며 뭔가 새롭게 변화해야 할 것 같은 부담감도 느낀다. 이러한 이유로 보여주기 위한 수업을 공개하는 수업자도 있고 자신의 내면을 성찰하기보다 기존처럼 피상적으로 겉모습만 드러내며 수업나눔에 참여하는 수업자도 있다.

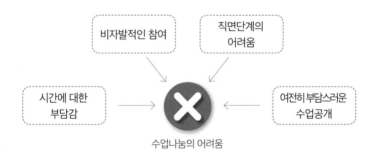

수업나눔의 어려움

이런 여러 가지 어려움 속에서 지속적으로 수업나눔이 이루어지기 위해서는 무엇이 필요한지 차근차근 살펴보기로 하자.

수업나눔의 필요조건

　수업나눔 실천학교를 비롯해 전국에 있는 여러 학교와 교육청에서 내용이나 시간, 프로그램이 거의 비슷한 연수를 진행했음에도 불구하고 그 결과는 참으로 다양했다. 연수에 공들인 시간이 무색할 만큼 단지 형식적인 연수로 끝난 학교도 있고, 전혀 기대하지 않았는데 새로운 학교공동체 문화가 만들어지는 학교도 있었다. 이 결과의 차이는 어디에서 오는 것일까? 이에 대해 좀 더 깊이 알아보기 위해 수업코치들이 해당 학교 실무자와 참여자들을 심층 인터뷰해 보았다. 이를 통해 수업나눔이 학교에 잘 정착하는데 필요한 몇 가지 요소들을 발견하게 되었다.

자발적인 참여

올해 많은 교사가 함께 하지 못해 아쉬운 측면이 있지만, 자발적으로 원하는 사람들끼리 수업나눔을 한 것이 오히려 좋았어요. 소그룹으로 진행하다 보니 더 깊이 수업나눔을 할 수 있었어요. 내년에는 더 많은 선생님이 참여하셔서 여러 그룹으로 나누어 진행했으면 좋겠습니다. - K여자중학교 K국어교사

학교가 수업공동체로 변화되기 위해서는 상향식의 접근이 필요하다. 상향식의 접근이란 소수 관심자로부터 시작해 자연스럽게 확산되는 것을 말한다. 수업나눔에 대한 교사의 관심 수준은 다양하다. 무관심한 교사, 소외된 교사, 저항하는 교사, 분위기에 편승하는 교사, 관심이 있는 교사, 주도적인 교사 등 다양한 스펙트럼이 존재한다. 앞서 수업나눔이 힘든 이유가 비자발적인 참여 때문이라고 언급했었는데 인터뷰를 통해서도 이것을 다시금 확인할 수 있었다. 수업나눔을 진행한 학교 중에 의무적으로 참여하게 한 학교보다는 자발성을 바탕으로, 소규모 수업동아리로 수업나눔을 진행한 학교 대부분이 긍정적인 인식을 하고 연수 후에도 지속해서 수업나눔이 이어졌다.

광주에 있는 한 혁신학교에서는 실무자와 더불어 연구부장, 교장 및 교감선생님이 전폭적인 지지를 보내주셔서 전교사를 대상으로 수업나눔에 관한 연수를 2회 진행하고, 한 달에 한 번씩 학년별로 수업코치가 들어가서 수업나눔을 진행했다. 그러나 막상 수업나눔을 진행해 보니 다양한 양상을 띠기 시작했다. 모습만 수업나눔일 뿐 기존의 수업협의회 문화에서 벗어나지 못하는 학년이 있는가 하면 수업코치가 있음에도 학년장이 이전의 방식으로 수업나눔을 진행하는

경우도 있었다. 한 학년당 교사 수도 많아서 수업공개 시 해당 학년 교사가 수업에 다 들어가지 못해 복도에서 서성거리거나 수업공개에 참여하지 못했고 퇴근 시간에 맞춰 서둘러 자리를 뜨는 교사들도 눈에 띄었다. 결국 이 학교는 1년 동안이나 수업나눔을 지속했음에도 그다음 해까지 이어지지 못했다. 그나마 다행인 것은 실무자가 이런 학교 선생님들의 분위기와 상황을 알아차리고 중간중간 여러 가지 시도를 하면서 선생님들의 마음을 살피려고 노력했고, 1년의 과정을 끝낸 후 자발적인 교사들을 모아서 소수라도 지속해서 수업나눔을 하고 있다는 사실이다.

수업나눔은 혼자서 하는 것이 아니라 교사들이 함께하는 것이다. 그렇기 때문에 교장이나 실무자 한두 사람이 전교사를 대상으로 밀어붙이면 여러 가지 저항에 부딪히기 쉽다. 수업나눔을 통해 학교의 수업협의 문화를 변화시키기 위해서는 소수의 자발적 관심자나 동아리부터 시작하여 점점 더 분위기를 만들어 가고 천천히 선생님들의 마음을 움직이는 것이 중요하다. 소수라도 지속적으로 모임을 가지고 모임의 내용을 동료교사들과 공유하고 소개하면서 조금씩 참여자를 확대해 간다면 수업공개에 대한 부담감도 줄일 수 있고 학교문화로 뿌리내리게 하는 토양도 형성할 수 있다.

| 강제성 (대규모) | VS | 자발성 (소규모) |

수업나눔의 필요조건1 (자발적인 참여)

충분한 시간 확보

시간이 부족해서 힘들었어요. 퇴근 시간 이후까지 수업나눔이 진행되다 보니
선생님들이 피곤해하시고 도중에 가시는 분도 생겨 분위기도 안 잡혔던 것
같아요. 선생님들 마음에 퇴근 이후에도 참여해야겠다는 결단이 필요한데 그
렇지 못한 분도 계시잖아요. 실무자로서 그럴 때 힘이 빠집니다. 그리고 학교
일과 중에 진행하다 보니 약간의 업무만 있으면 슬쩍 빠지는 교사들도 있고
학교에서 깊이 있는 수업나눔이 이루어지는 게 쉽지 않아 보여요.

– S고등학교 실무자 K영어교사

기존의 수업협의회와 다르게 수업나눔은 수업자의 의도, 고민,
수업의 맥락과 상황, 교사의 내면 이야기 등을 충분히 나누어야 하
기 때문에 넉넉한 시간이 필요하다. 수업공개영상을 보는 시간과 수
업나눔을 하는 시간을 합쳐서 적어도 두 시간 이상은 확보되어야 의
미 있는 수업나눔을 할 수 있는데 대부분의 수업나눔은 방과 후에 진
행되기 때문에 퇴근 시간과 맞물리면서 교사들의 마음이 불안해지고

집중도가 떨어진다. 수업나눔을 지속적으로 하기 위해서는 충분한 시간이 확보될 수 있는 제도적인 장치가 필요하다. 학기 초부터 수업나눔을 하는 날은 전교사의 수업을 5교시 정도로 마무리하게 하고 편안하게 참여할 수 있도록 일과시간을 조정할 필요가 있다.

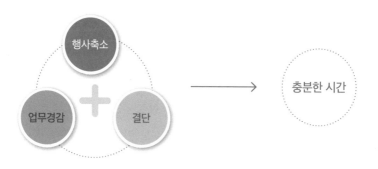

수업나눔의 필요조건2 (충분한 시간 확보)

관계의 안전지대 만들기

수업코칭 연수를 받으면서 수업참관자들을 수업친구라고 불러서 좀 더 편하게 수업이야기를 할 수 있게 된 것 같아요. 하지만, 솔직히 여러 선생님에게 어디까지 이야기해야 하는지 감이 안 오고 빨리 끝내자라는 생각도 들더라구요. 아마도 선생님들에 대한 신뢰나 관계성이 아직 부족한 탓이겠죠?
- B중학교 K국어교사

수업나눔은 교사의 수업 의도와 내적인 고민 나누는 것을 중요시한다. 그렇기 때문에 수업나눔을 할 때 수업자가 다른 사람의 눈치를 보지 않고 자신의 마음을 솔직하게 이야기할 수 있는 정서적 안전지대를 만드는 것이 중요하다. 그러므로 수업나눔을 하기 전에 서로를 신뢰할 수 있는 관계 형성이 이루어져야 한다. 수업나눔 연수가 일방적인 강의가 아니라 소통과 질문 중심의 워크숍으로 이루어지는 것도 이러한 이유 때문이다. 하지만 이 또한 시간의 제약이 있기 때문에 연수 이전에 학교 분위기가 어떠했는지에 따라서 수업나눔 분위기와 성패가 좌우된다.

전교사를 대상으로 수업나눔을 하는 경우, 큰 학교는 교사 수가 많기 때문에 서로를 잘 알지 못할 수도 있다. 이럴 때는 교사들 간의 안전지대를 만드는 데 시간이 오래 걸려 수업나눔이 힘들어지기도 한다. 그러나 소규모의 학교에서는 교사들 간에 이미 친밀성이 형성되어 있어서 수업나눔 프로세스가 수업공동체를 만드는 기폭제가 되기도 한다.

예외적으로 교사수가 90명이 넘는데도 불구하고 교과별 수업나눔이 잘 이루어진 고등학교가 있었다. 그 학교는 연수 이전부터 학교업무나 기타 여러 가지 면에서 교사들의 의견을 잘 수렴하고 존중하는 문화를 만드는데 애쓴 교사들이 있었고, 학기 초에 교사들의 마음을 모아서 교육과정을 세우는 작업이 선행되어 있었다. 또한 학기 초에 수업나눔을 염두에 두고 시간표를 미리 조정한 것도 수업나눔을 지속가능하도록 하는 데 큰 도움을 주었다.

관계성   안전지대

수업나눔의 필요조건3 (관계의 안전지대 만들기)

외부촉진자와 내부촉진자의 선순환

작년에 우리 학교 구성원끼리 교사학습공동체를 이루어서 독서토론도 하고 수업도 공개했는데 잘 이루어지지 못했어요. 선생님들의 우선순위에 밀려 진행이 어렵기도 했고 누군가 주도하면 불편해하는 느낌이 들기도 했어요. 그런데 올해 외부에서 수업코치가 들어와서 연수를 진행하니 교사학습공동체가 실질적으로 잘 운영된 느낌이에요. 내년에는 우리끼리 해보다가 힘들 때 초청하는 방식을 취해볼까 합니다. - B중학교 교무부장 K기술교사

수업나눔 실무담당자가 누구냐에 따라 수업나눔 문화가 정착되는데 영향을 미치는 것 같습니다. 어떤 학교의 경우, 그 선생님이 진행하는 것은 무조건 하겠다는 식으로 신뢰하고 오는 분위기가 있더라구요. 변화를 선도하는 한 사람의 중요성을 많이 느꼈습니다. - S고등학교 연수진행자 K수업코치

어떤 조직이든 마찬가지겠지만 구성원 모두가 혁신과 변화에 적극적이지는 않다. 혁신학교나 수업나눔 실천학교도 예외는 아니다.

그렇기 때문에 학교에서 실무를 맡은 내부촉진자가 어떠한 마음으로 동료교사들과 관계를 맺고 어떤 역할을 하는지가 중요하다. 그러나 내부촉진자가 할 수 있는 역할의 한계가 있기 때문에 이 부분을 수업 코치인 외부촉진자가 들어가서 학교 내부 구성원들이 하지 못하는 역할을 해주는 것이 큰 도움이 된다. 연구 결과, 같은 외부촉진자가 들어간 학교여도 학교 내에 변화를 선도하는 교사나 그룹이 있을 때 수업나눔 또한 잘 스며들 수 있었다. 내부촉진자와 동료교사들과 리더십과의 관계, 외부촉진자와 내부촉진자와의 관계 및 의사소통 등이 선순환 될 때 수업나눔이 잘 진행될 수 있다.

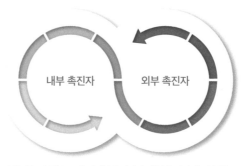

수업나눔의 필요조건4 (외부촉진자와 내부촉진자의 선순환)

유연하면서 장기적인 접근

학교가 변화하는 데는 복잡한 변인들이 작용한다. 이는 비슷한 수업나눔 프로그램을 가지고 연수를 진행했지만 학교마다 다른 결과가 나오는 것을 통해서도 확인할 수 있다. 그러므로 연수나 특정 프로그램 투입으로 학교를 변화시키려는 행사형 사고방식을 넘어, 각 학교마다 보다 깊이 있고 치밀하고 장기적인 접근 방법이 필요하다. 학교의 구성원과 상황에 맞게 유연하게 변화하면서, 일회성이나 단기간이 아닌 장기적인 안목으로 수업나눔을 실천해야 한다.

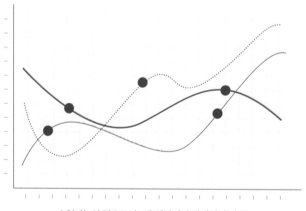

수업나눔의 필요조건5 (유연하면서 장기적인 접근)

관리자와 정책적인 지원

　　학교는 하나의 제도이다. 변화를 주도하는 개인과 소수도 필요하지만, 학교를 수업공동체로 세워가야 한다는 관리자의 마인드와 제도적, 정책적 지원도 필요하다. 관리자가 수업나눔을 하나의 실적이나 학교홍보 수단으로 여기지 않고 순수한 마음으로 교사학습공동체의 자율성을 인정해주고 지원해주려는 마인드를 가지고 있을 때, 학교 안에 수업나눔을 통한 수업협의 문화가 잘 정착될 수 있었다. 또한 수업나눔, 학습공동체 토론 시간 등을 연수학점으로 인정해주고 연수 예산을 지원하는 등 수업나눔을 장려하는 제반 정책이 있는 교육청에 속한 학교일수록 수업나눔이 잘 정착되었다.

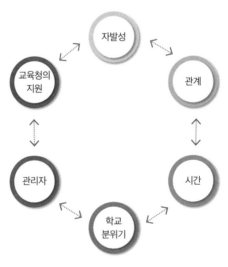

수업나눔과 수업협의 문화 변화의 관련 요소들

몇 년 동안 수업나눔 운동을 하면서 느끼는 것은 기존의 관념과 문화를 바꾸는 것이 참으로 지난한 일이라는 사실이다. 아직도 수업나눔을 잘 모르고 생소하게 여기는 교사들도 많이 있고, 정책적으로만 이끌고 가는 관리자들도 있으며, 형식적으로 모양만 흉내 내고 있는 사람들도 적지 않다. 이런 환경 속에서 수업나눔 문화를 만들기 위해 누군가는 마중물을 부어야 하고, 누군가는 여러 가지 요인들이 맞물려 돌아가도록 애써야 하며, 누군가는 이것이 지속가능하도록 윤활유를 붓고, 누군가는 함께 참여하며 도와주고 실천해야 한다. 결코 단기간에 소수의 노력으로 이루어질 수 있는 것이 아니다. 그나마 다행인 것은 수업과 교사의 내면에 관심을 가지고 이것을 실천하려는 사람들과 교육정책이 늘어나고 있다는 사실이다.

이제 수업나눔에 관심을 가지고 구체적으로 학교 안이나 밖에서 수업나눔을 실천하려는 사람들에게 어떻게 모임을 운영하고 무엇을 하면 좋을지 다음 장에서 조금 더 구체적으로 안내하고자 한다.

수업 톡톡 talk! talk!

1. 내가 근무하는 학교나 활동하고 있는 모임에서 수업나눔공동체를 운영
   한다고 가정할 때, 긍정적인 자원은 무엇이며, 극복해야 할 어려움은 어
   떤 것이 있을까요?

2. 지금 현재 우리 학교에서 이루어지고 있는 수업나눔의 모습은 어떠하
   다고 생각하며 우리 학교만의 수업나눔문화를 만들어가기 위해서 내
   가 할 수 있는 노력은 어떤 것이 있을까요?

5장

수업 나눔, 공동체를 세우다

수업나눔을 학교에서 실천하려고 하는 교사들의 동기는 다양하다. 수업나눔을 기본 베이스로 하여 학교 안 전문적 학습공동체를 만들고 싶거나, 동학년이나 동교과 교사들과 수업공개를 통해 수업고민을 해결하고 싶거나, 학교 연수의 일환으로 수업나눔을 진행하는 등 다양한 요구로 수업나눔이 학교 안에서 이루어진다. 교사들의 동기는 매우 다양하지만 연수 담당 실무자의 수업나눔 경험 여부는 수업나눔 모임을 만들어 가는 데 차이가 있어 똑같은 연수를 진행해도 그 결과는 매우 다양하게 나온다.

교육청 단위 연수에서 많이 듣는 요구는 이제 프로세스는 알았으니 실제로 학교에서 수업나눔을 하기 위해 무엇을 해야 하는지 실제적인 지침서 같은 것이 있으면 좋겠다는 것이다. 이 장에서는 앞으로 학교에서 수업나눔을 중심으로 수업공동체를 세우기 원하는 교사들에게 실제적인 도움이 될 만한 몇 가지 사항들을 소개하고자 한다.

학교 안 수업공동체 세우기, 학교 실무자편

수업공동체 시작, 마음을 행동으로 보여주기

바쁜 학교생활에 선생님들에게 모이라고 하는 것이 선생님들께 부담만 주는 것 같아 담당자로서 너무 고민스러워요. 선생님들과 소통할 수 있을지 걱정 스럽습니다. - S고등학교 K연구부장

　학교에서 수업공동체가 처음 시작될 때는 그 역할을 맡게 된 담당교사가 자신이 직접 성찰중심 수업나눔을 경험한 후 지원한 경우가 있는가 하면 업무의 하나로 받아들이는 경우도 있다. 어떤 경우이든 학교에서 교사공동체를 만들어 가야 한다는 막중한 역할을 맡게 된 것만은 틀림없다. 그러나 동료교사들을 설득하여 지원자를 모으고 의미 있는 수업공동체를 만들어가는 일은 녹록치 않다. 마음과 열정만으로 수업공동체가 이루어지지 않기 때문이다. 학교 실무자는

대부분 동료교사들의 반응에 대한 기대감과 교사들에게 부담만 더 얹어주는 것은 아닐까 하는 염려를 동시에 안게 된다. 이때 실무자는 사전에 주변 선생님들과 소통하면서 학교 안팎의 상황, 공동체나 연수에 대한 기대 또는 부담감에 대한 의견들을 충분히 듣고 나눌 필요가 있다. 학교에서 수업이야기를 하자고 하면 여전히 부담스러워하는 분위기가 있음을 인정하고 동료교사들의 상황을 이해하고 공감하면서 교사들이 힘을 낼 수 있도록 도와주어야 한다. 또 자신이 경험했거나 알고 있는 수업나눔과 수업공동체에 관한 이야기를 들려주며 동료교사나 관리자를 안심시켜 주어야 한다.

동료교사에게 보낸 수업나눔 안내 편지

수업코칭연구소에서 진행하는 수업코칭 활동가 과정을 수료한 후 학교 선생님들과 함께 수업나눔을 진행하고 싶었던 Y교사는 인원을 모으기 위해 교장, 교감을 포함해서 모든 교사에게 편지를 쓴 다음 초콜릿을 하나씩 붙여 각 선생님 책상 위에 놓고 선생님이 행복해야 학교가 행복하니 같이 수업공동체를 만들어보자는 메시지를 전달했다. 그랬더니 전교사 26명 중에서 11명이 긍정의 답을 보내왔다. 지금까지 그 학교에서는 공식적으로 동아리 회원을 모집한 것이 처음 있는 일이었다. 이후 학기 초부터 2주에 한 번씩 모여서 관련 도서를 읽고 나누는 독서모임을 하면서 외부 강사를 초청해 수업나눔 연수를 5회 진행했고, 2학기부터는 실제적으로 수업나눔이 이루어졌으며, 그 다음 해에는 교육과정 재구성을 주제로 모임을 지속해 갔다.

이처럼 실무자가 연수 이전부터 동료교사들이 마음을 열고 참여할 수 있도록 분위기를 만들어 주는 것이 중요하다. 모임에 참여하는 선생님들의 마음이 부드러워지고 긍정적으로 바뀌어 딱딱하게 여겨지는 연수도 따뜻하게 느낄 수 있기 때문이다. 이는 모임을 지속할 수 있는 관계성을 형성하는 데 일조를 하게 된다. 실무자가 연수 이전부터 동료교사들이 마음을 열고 참여할 수 있도록 분위기를 만들어 가고, 그 과정에서 교사들이 수업나눔의 긍정적인 부분들을 경험함으로써 모임이 지속적으로 이루어질 수 있게 된 것이다.

하지만 모임을 지속하다보면 실무자는 바쁜 학교 일정 속에서 본질은 잊어버린 채 수업나눔이 하나의 업무나 일처럼 되어버릴 수도 있다. 수업나눔이 실무자의 주도로 이루어지는 것이 아니라 학교 문화로 자리잡기 위해서는 교사들이 수업나눔을 통해 위로와 격려를 받고 새로운 것을 시도할 수 있는 힘을 얻어 자율적으로 일상 수업을 공개하는 문화를 만들어가야 한다.

학교에서 수업공동체를 만들어가는 것은 결코 쉬운 일이 아니다. 그러나 학교에서 수업이 좀 더 편한 대화의 주제가 되고 동료교사들이 내 삶을 함께 만들어가는 존재로 다가온다면 학교라는 공간도 제법 괜찮은 곳이 되지 않을까.

수업공동체 지원, 예산과 시간 확보하기

실무자가 챙겨야 하는 또 한 가지는 수업공동체를 지원할 수 있는 예산 확인과 수업나눔을 위한 시간을 확보하는 일이다. 학교 연수나 동아리 모임을 위한 예산이 어느 정도인지 파악해서 교장, 교감 선생님과 의논하여 미리 예산을 확보해야 한다. 최근에는 교육부나 지역교육청 교사 지원 프로그램이 다양하게 운영되고 있어 교사학습공동체, 교사동아리 신청서를 제출하여 예산을 확보하기도 한다.

예산 확보와 더불어 실질적으로 연수와 수업나눔이 진행될 수 있도록 시간 확보가 이루어져야 한다. 학교행사나 이런저런 이유로 날짜 정하기가 쉽지 않고 퇴근 시간에 맞춰서 연수를 마쳐야 하는 시간의 한계도 있다. 교사들의 관심도가 기대에는 미치지 못하고 학생 생활지도가 우선이 되거나 학교업무에 바빠 시간적 여유를 갖지 못하기 때문에 실무자는 학기가 시작되기 전에 이에 대한 안내를 통해 공동체 모임 시간을 확보해야 한다. 그동안 수업나눔을 위한 시간이 충분히 배정되어 있지 않아서 깊이 있는 나눔을 하기가 어려웠다고 토로한 실무자들을 많이 보게 된다.

경기도에 있는 S고등학교에서는 2월에 전체교사를 대상으로 3시간 수업나눔에 대한 기본강의를 진행했는데, 3월에 전입해 올 선생님들까지 참여해서 학기 전부터 학교의 방향을 함께 설정했다. 이 후 28명의 교사가 수업공개를 신청했고 동교과 선생님들이 수업을 참관할 수 있도록 3교시와 4교시, 또는 4교시와 5교시 시간표 변경이 이루어졌다. 이렇게 시간 확보가 되니 전체 교사가 기본적인 수업나눔의 철학을 공유하고 인지하면서 수업공개와 나눔이 이루어졌고, 전체 교사가 참여하는 학교 중에서는 가장 이상적인 모습으로 수업나눔이 진행되었다.

수업공동체 만남, 환대의 공간과 안전지대로 만들기

공동체(共同體)의 사전적 의미는 사람들이 모여 하나의 유기체적 조직을 이루고 목표나 삶을 공유하면서 공존해 가는 조직을 일컫는다. 다시 말해 단순한 결속보다는 질적으로 더 강하고 깊은 관계를 형성하는 조직을 의미한다. 학교가 조직이 아니라 공동체로 여겨지려면 수업과 학생지도, 업무로 번아웃(burn-out) 되기 쉬운 교사들이 서로의 삶을 나누며 관계를 맺는 시간이 필요하다.

학교에서 수업이 좀 더 편한 대화의 주제가 되고 자신의 수업에 대해 마음껏 이야기할 수 있고 자신의 실패 경험을 두려움 없이 나눌 수 있는 공간을 만드는 과정은 결코 쉬운 일이 아니다. 수업공동체가 연수 이수시간이나 또 하나의 업무 시간이 되지 않기 위해서는 서로의 모습을 받아주고 이해하는 환대의 공간이 되어야 하며 바쁘고 외로운 학교생활에서 서로 든든한 지지자로 신뢰할 수 있는 정서적 안전지대가 되어야 한다.

하지만 바쁜 학교생활에서 동료교사들과 공동체를 만들어가는 것은 쉬운 일이 아니다. 서로 신뢰할 만한 대상이 되어주는 관계는 저절로 이루어지지 않기 때문에 함께 시간을 보내고 참여하는 수고가 뒤따라야 한다. 그래서 수업나눔을 하기 전에 선생님들이 좀 더 편하게 나를 성찰하고 서로를 알아갈 수 있는 수업공동체 세우기 활동부터 시작하는 것이 좋다. 수업나눔 프로세스 연수를 진행할 때도 공동체 세우기 활동을 지속함으로써 실제적인 수업나눔 때 선생님들이 편안함과 안정감을 느낄 수 있는 관계를 만들어야 한다. 서로의 마음과 마음이 이어지고 알아차릴 수 있는 관계 맺기 활동 프로그램 중에 몇 가지를 소개하고자 한다.

[관계 형성하기 활동]

교사들에게 자신의 마음을 이야기 해 보라고 하면 어떻게 시작해야 할지 난감해하는 경우가 많다. 이때 이야기를 좀 더 편하게 꺼낼 수 있도록 사진 카드나 감정 카드를 활용할 수 있다.

① 사진 카드로 마음 열기

* 활동 의도 : 지금-여기에서의 내 마음, 내 감정을 알아차리는 연습은 수업 속 나의 행동과 마음을 알아차리는 데 도움이 된다. 사진 카드를 통해 자신의 마음을 쉽게 드러내고 나눌 수 있도록 돕는다.

* 준비물 : 사진 카드

[활동 순서]

- 책상 위에 사진 카드를 펼쳐 놓기
- 지금 내 마음 또는 요즘 내 수업을 나타내는 카드 1~2장 선택하기
- 각자 뽑은 사진 카드와 내 마음이 어떻게 연결되는지 돌아가며 이야기하기
- 이야기 맨 마지막에 '그래서 내 감정은 ○○○입니다.'라고 말하기
- 듣는 선생님들은 '말씀하신 후 지금 마음이 어떠세요?'라고 질문하기

질문에 해당하는 사진 카드를 선택하고 나누는 활동

② 교사 인생 그래프 나누기

* 활동 의도 : 신규시절부터 현재까지 교사로서 자신의 삶을 성찰하
고 동료교사와 나누며 서로의 삶을 이해하고 격려한다.
동료교사가 교사로서 어떤 삶을 살았는지 개인의 역사
를 알 수 있어서 업무로만 만났던 관계에서 더 깊이 삶
을 알게 되고 이해하며 공감할 수 있는 활동이다.

* 준비물 : 교사 인생 그래프 학습지

[활동순서]

- 교사로서 신규시절부터 지금까지 삶을 돌아보며 자신이 중요하게
여기는 만남, 사건 등을 연도별로 정리한다.
- 중요 사건에 대한 내 감정을 0을 기준으로 +10부터 -10까지 나누
어 그래프에 표시한다.
- 짝을 이루어 인생 그래프를 보며 이야기를 나눈다.
- 함께 활동에 참여한 소감을 나눈다.

교사 인생 그래프 학습지

활동사진

③ 시(詩)로 마음 나누기

* 활동 의도 : 시를 통해 자신의 마음을 성찰하고 인상적인 구절을 나
누며 자신의 마음을 표현한다.
* 준비물 : 여러 가지 시를 인원수에 맞추어 준비한다.

[활동순서]

- 참가자들이 원형으로 둘러앉고 중앙에 시가 인쇄된 종이를 놓는다.

- 각자 한 편의 시를 골라 읽는다.

- 마음에 와닿는 시의 한 구절에 머물며 내 마음과 삶을 들여다본다.

- 시와 연결된 내 마음을 함께 나눈다.

시의 한 구절에 머물며 마음 나누기

    나의 삶을 오픈하고 나누기 위해서는 용기가 필요하다. 표피적인 나눔이 아니라 진실한 나눔에서는 더욱 그러하다. 같은 학교 동료 교사에게 마음을 드러내는 것이 어색하기도 하고, 또 어느 선까지 나누어야 할지 내적 갈등이 생길 수도 있다. 혹여라도 내 이야기가 다른 교사에게 흘러 들어가 가십거리가 되지는 않을까 두려울 수도 있다. 이를 위해 수업공동체 안에서 어느 정도 경계 세우기가 필요하다. 예를 들어 공동체 안에서 오고 간 대화는 공동체 밖으로 나가서는 안 되며, 다른 사람과 나누고자 할 때는 반드시 본인의 허락이 있어야 한다는 가이드라인을 정해 놓아야 한다. 그래야만 정서적인 안전지대가 형성되어 터놓고 이야기를 나눌 수 있다.

    마이클 앤드류 포드[11]는 환대라는 용어에 대해 이렇게 정의했다. '환대란 손님에게 집중하는 능력이며(집중), 환대란 손님이 자신의 영혼을 발견할 수 있는 공간을 창조해내는 능력이다(공동체). 환대는 다른 사람의 외로움과 고통을 없애주는 것이 아니라, 자신들의 외로움을 공유할 수 있다는 사실을 인식하도록 돕는 것이다.' 다시 말해 환대의 공동체는 표피적인 칭찬으로 본질을 회피하는 공동체가 아니라 오히려 자신의 고통스러운 부분마저도 머물며 다른 사람에게 꺼내놓을 수 있도록 도와줄 수 있는 공동체를 의미한다. 이러한 정서적인 신뢰, 지지와 공감은 수업나눔을 하려는 수업공동체에서 매우 중요한 요소이다. 나의 경험과 판단은 내려놓고 교사를 있는 그대로 존중하고 받아주는 태도는 성찰중심 수업나눔에서 교사를 존재로 바라본다는 말과 맥락을 같이 하고 있기 때문이다. 앞장에서 살펴본 바와 같이 수업자의 시선으로 수업을 보고 그의 고민을 바탕으로 수업에서 의미 있는 지점을 찾아 지지하고 공감해 줄 때 수업나눔을 하는 이 공간이 수업자와 수업친구에게 정서적인 안전지대가 될 수 있다. 그리고 이것은 수업나눔 다음 단계인 '직면'의 단계에서 자신의 고민을 좀 더 솔직하고 편하게 말하고 스스로 성찰하게 하는 힘을 줄 수 있다.

수업공동체 반응, 두려움과 부담감에서 자유로워지기

전체적으로 수업나눔을 해도 깊이 있는 나눔이 진행될 수 있을까요? 누군가에게 상처가 되거나 마음 문을 닫게 하는 요인이 되지 않을까 걱정이 됩니다. 전체가 다 같이 대화를 해도 과연 안전하다고 느껴질까요?
- Y중학교 K연구부장

연수만족도가 높지 않아요. 혹시 제가 동료교사들에게 불편함을 주고 있는 건 아닐까요? 학교 전체 연수로 진행되고 있는데 참석률이 높지 않고, 연수 시간이 길다고 불평을 털어놓는 분들이 있어 심적인 어려움이 있습니다.

- S고등학교 K혁신부장

　　모임을 이끌어가는 실무자는 선생님들의 반응을 살피기 마련이다. 기대와 달리 참석률이 저조하거나 사소한 부정적인 피드백에도 마음이 무너질 때가 있다. 이런 부정적인 피드백들에 대해 예민하게 반응하며 모임이 소용없다고 생각하게 되면 수업공동체가 하나의 부담스러운 업무나 일처럼 느껴지게 된다.

　　수업나눔이 학교 문화로 자리잡기 위해서는 오랜 시간이 필요하다. 모임을 시작하려 했던 첫 마음과 연수의 본질을 생각하면서 선생님들의 다양한 반응을 자연스럽게 받아들이고 성찰의 기회로 삼는 여유가 필요하다. 동료교사들의 변화나 결과가 만족스럽지 못하더라도 이런 모임을 시도해 보았다는 사실만으로 스스로를 대견하게 생각할 수 있어야 한다.

　　B중학교의 경우, 이런 동아리가 학교에 개설되었다는 사실만으로 기쁘게 생각하면서 함께 모여 아이들 이야기, 학교 이야기, 그리고 인생에 대한 이야기까지 나눌 수 있어 좋았다고 말한다. 비록 연수 이후에 자원하는 교사가 없어 수업나눔까지 이어지지는 못했지만, 그 이후에도 다른 주제의 수업동아리가 유지되고 있다.

　　반면 B중학교 Y교사는 전문적 학습공동체를 구축하고자 홀로 다각도의 노력을 했지만, 수업시수와 학급당 학생 수가 많고 업무량이 과다하여 교사들이 좀처럼 시간내기가 힘든 상황이었다. 그런데도 동료교사들이 시간을 할애하여 연수에 참여하기 바라는 간절한 마음으로 연수를 신청했다. 그렇지만 교사들을 배려하다 보니 모든 것을 혼자 담당하고 준비해야 하는 힘든 상황에 처하게 되었다.

수업공동체는 하루아침에 만들어지는 것이 아니라서 은근한 불에 서서히 끓어오를 시간이 필요하기 때문이다. 한편 자발적인 의지로 공동체를 만들고자 하는 교사도 있지만 혁신부장이나 연구부장, 수석교사로서 교사들에게 무언가 제공해야 한다는 의무감과 책임감으로 모임을 이끌어가는 교사도 많다. 이런 부담감과 책임감에서 벗어나기 위해서는 연수를 시작하기 전부터 교사들과 함께 의논하며 어떻게 공동체를 만들어나갈지 협의하고 역할분담을 하는 협업 작업이 필요하다.

내부촉진자인 실무자는 학교 형편과 동료교사들의 마음을 살피면서 연수시간과 내용에 대해 요청을 하고, 외부촉진자는 그 요구에 맞춰주는 방식으로 유동성 있게 연수를 진행해야 한다. 애초 기획한 시간만큼 충분한 시간의 연수가 이루어지지 못하더라도 교사들이 편안한 마음으로 점점 더 연수에 집중하게 만드는 과정이 필요하다. 포기하지 않고 모임을 지속하다 보면 다양한 모습으로 공동체가 성장해 나갈 수 있다. 처음에는 교과군별로 수업나눔이 진행되었다가도 상황이 여의치 않으면 그 다음에는 수업친구끼리 또는 학년별, 주제통합수업별 수업나눔으로 바꾸어 진행하면서 공동체를 지속해 나갈

방법을 현실적으로 모색하고 조정해 나가면 되는 것이다.

수업공동체 자발성, 희망으로 벽 넘기

교사들을 대상으로 자발성을 갖고 성실하게 참여시키는 것이 어려워요. 항상 빨리 끝내고 싶어 하고 형식만 갖춘 채 놀고 싶어 하는 듯 보여서 어느 선까지 맞춰야 할지 난감한 상황이 많았습니다. - B중학교 Y혁신부장

　　학교는 다양한 사람들이 모인 곳이다. 혁신학교의 경우도 수업 혁신을 강조하지만, 구성원 중에 혁신학교를 원하지 않는 교사도 있고, 혁신에 대한 방향이 다른 교사들은 모임에 잘 참여하지 않거나 늦게 끝난다고 싫어하기도 한다. 그럴 때마다 연수실무자는 마음이 힘들고 상처를 받곤 한다. 일부 실무자들은 애써 연수를 진행했는데 몇몇 관심있는 교사들만 참여했을 뿐 더 확산되지 못한 부분에 대해 무척이나 아쉽고 안타까워했다. 실무자는 일상수업공개에 대한 심적 부담이 줄어들어 수업나눔이 학교에 정착되길 바라지만 실무자의 기대가 현실로 이루어지는 것은 아직은 시기상조일지도 모른다. 큰 학교에서 성실하게 참여하는 몇 명의 교사들을 통해 희망을 보면서 교사들의 내면과 교사 정체성에 대한 고민, 수업변화에 대한 기대의 씨앗이 심어진 것만으로 실무자의 역할을 확인하면 되는 것이다.

　　서울에 있는 S고등학교의 경우, 전체교사들을 대상으로 연수를

진행한 후 기본 연수 3회와 수업나눔을 1회 2~3명씩 지속적으로 진행할 계획이었다. 하지만 기본 연수 이후에 수업공개를 자원하는 교사가 없어서 총 3명이 전체 수업나눔에 참여하였고 2회는 연수로 대체하게 되었다. 전체 연수를 진행할 때도 교사 56명 중 초반에 40명 정도가 모였다가 시간이 지날수록 점점 빠져나가 연수가 끝날 때쯤이면 20~25명 정도만 남았고, 연수시간도 교사들의 요구로 점점 더 단축되었다. 혁신학교의 주축이 되었던 교사들이 대거 다른 학교로 이동하고 새로 전입해 온 교사들과의 교육철학에 대한 공유가 부족하여 그 흐름을 제대로 이어가지 못하는 상황이 연수에서도 드러났다. 실무자들 입장에서는 실망이 커지면서 점점 더 힘들어질 수밖에 없었다. 이런 상황에서는 포기하지 말고 인문계 고등학교에서 이 정도라도 교사 문화에 스며들었다는 사실에 의미를 찾고 전체교사가 아닌 자발적인 인원을 모집하여 소수만이라도 모여서 수업나눔과 고민을 이어가면 된다.

때로는 동료교사의 마음을 얻기가 제일 힘든 일이다. 정말 넘을 수 없는 벽처럼 느껴질 때가 있다. 하지만 한 사람의 꾸준함이 결국에는 그 벽을 넘게 된다. 한 사람의 꾸준한 손 내밂이 희망이 된다는 사실을 잊지 말자.

수업공동체 참여, 함께하는 기회 주기

연구부장이 하는 일이 너무 많아요. 선생님 중에서 연수 진행 실무자의 역할을 맡아주실 분이 없다면 혼자 계속 진행하는 것이 힘들 것 같습니다. 수업 영상촬영, 카메라확인, 수업영상 편집 등 일거리가 엄청난데 연구부장 혼자서 다 하고 있어요. 현재 연구부장이 워낙 긍정적이어서 가능했지만, 일반 학교에서는 이 업무 하나만 주어졌어도 벅차했을 겁니다. - Y중학교 K교무부장

수업공동체 모임을 진행하기 위해서는 여러 가지 준비가 필요하다. 외부 강사 초청 연수를 진행할 경우 강사섭외부터 모임 시간을 위한 시수 조정, 모임 안내, 수업영상 촬영 및 편집, 수업나눔 전 성찰지 인쇄, 간식 준비, 모임 기록 등 실무자 혼자 감당할 수 있는 일의 양이 아니다. 동료교사들이 역할을 나누어서 실무자를 적극적으로 도와야만 연수를 지속할 수 있다. 그뿐만 아니라 수업나눔이 학교에서 추진하는 연수의 일환으로 진행되지 않으면 모임을 지속하기가 어렵고, 교사들 또한 형식적으로 모임에 참여하게 된다. 아래의 표를 보면서 각자가 기여할 수 있는 영역이 어떤 것인지 생각해보자.

역할	담당자	역할	담당자
수업촬영	김태호	자료 인쇄	박명수
수업영상 편집	유재석	강사 섭외	송은이
수업나눔 안내	양세형	모임알리미	김 숙
간식	정준하	소품준비	이영자

단위학교에서 수업공동체를 만드는 일은 실무자 한 사람만의 의지로 만들어지지 않는다. 큰 노력과 인내가 필요하다. 하지만 함께 수고로움으로 세워진 수업공동체를 통해 다시 수업할 힘을 얻는 한 사람이 분명 있을 것이다.

따뜻하게 소박하게 만나고 싶었어

따뜻하게 소박하게 만나고 싶었어

몇 송이의 꽃

몇 점의 그림

몇 개의 단어

맛난 간식과 식사

소소하게 나누었던 서로의 삶이

따순 환대가 되었지

따뜻하게 소박하게 만나고 싶었어

내면을 들여다보는 낯선 여정

내 감정에 솔직하고
나를 드러낼 수 있는 공간에
삶이 서러워 오열도 했지
하지만 난 더 자유로왔어
긍휼한 마음으로 나를 바라보며
나를 위로할 수 있었지

따뜻하게 소박하게 만나고 싶었어
학교는 외롭고 교실은 날 지치게 해
수줍은 수업공개였지만
수업나눔의 온기는 따뜻했고
날 격려했어

나를 찾아가는 여정은
내 수업을 찾아가는 여정

나를 살렸던 수업나눔을
이제,
너도 함께 누리길 원해
2017년 전북 수업코칭활동가 나눔 시

수업나눔 실무 담당자 소감

제가 제일 많이 배우고 제일 많이 성숙했다고 생각합니다. 참 좋은 시간이었습니다. - K중학교 Y교사

강제성 없이 뜻을 같이했으면 좋겠다 싶었는데 다들 자발적으로 참여해 주시고 피드백도 나쁘지 않아 별다른 어려움은 없었습니다. 더군다나 아이들 입에서도 우리 학교 수업이 달라졌다는 말이 나오고 있어서 더 큰 보람을 느낍니다. 제 수업이 가장 즐겁고 만족스럽고 수업시간이 재미있고 즐거워요.
- Y중학교 Y교사

선생님들에게 수업공개에 대한 두려움이 없어졌다는 것과 더 좋은 수업을 위해 누구나 논의하는 분위기가 형성되었다는 점이 좋았습니다. 내년에도 수업나눔이 지속되면 좋겠다는 피드백을 많이 들었고 수업나눔 모임을 계기로 학교 분위기가 더 따뜻해진 것을 느끼는 분들이 늘고 있습니다.
- S중학교 S교사

참 소중한 경험이었고, 공동체가 함께하는 수업나눔을 꾸준히 전개해야겠다는 마음뿐입니다. 앞으로는 수업나눔의 외연을 확장해 갈 예정입니다. 우리 학교에서 수업친구끼리, 학년별, 주제통합수업별, 다양한 수업나눔이 전개되었으면 하는 바람이 있는데, 수업나눔을 학교 공동체 스스로 전개할 예정입니다. - S고등학교 K교사

처음 시작했을 때보다 연수나 토론이 더 풍성해지고 많아진 것 같아요. 교장 선생님께 학교변화에 대해 여쭤보았는데 선생님들의 협의 문화가 변화되어 가장 만족스럽다고 하셨습니다. 한 학교에서 이 정도 소통하는 것이 쉽지 않을 뿐더러 작년에 비해서도 많이 달라졌습니다. 교사들이 충분한 대화를 나누고 있는데, 3시간씩 5회 총 15시간 이야기하는 시간을 통해 이런 문화를 만드는 데 일조를 한 것 같습니다. 일과 관련된 소통에서 시작되었지만, 지금은 인간적인 소통, 삶에서의 소통이 이루어지게 된 것 같아요. 이제는 무슨 안건이 있으면 선생님들이 으레 다같이 이야기할 시간이 있을 거란 생각을 하고 있어요. - Y중학교 K교사

학교 안 수업공동체 세우기, 수업나눔 안내자 편

수업자의 고민을 내가 해결해주어야 한다는 책임감에서 벗어나기

수업나눔을 진행하는 사람을 수업코치라고 부르지만 동료교사가 수업코치 역할을 맡아 진행하고 있기 때문에 우리는 수업나눔 안내자라는 이름을 사용하고 있다. 용어에서도 알 수 있듯이 수업코치의 역할은 수업나눔을 주도하는 것이 아니라 안내하는 것이다. 그렇기에 수업코치로서 느껴야 할 부담보다 안내하는 기쁨을 인식하는 것이 중요하다. 이렇게 가볍고 긍정적인 생각을 가지고 수업나눔 안내자가 수업자와 만날 때, 수업나눔의 첫 단추가 잘 끼워질 수 있다.

실제 수업자를 인터뷰하다 보면 안내자와 수업자 서로의 고민이 일치하지 않는 경우가 있다. 이런 경우, 안내자는 자신의 기준에 문제라고 생각되는 수업장면을 보여주면서 수업자가 이 문제를 같이 발견하게 하고 싶은 욕구가 생겨나기 마련이다. 그러나 이때 수업나눔의 주도권은 수업나눔 안내자가 아니라 수업자에게 있음을 떠올리면서 안내자의 욕구를 잠시 내려놓아야 한다. 만일 수업자가 고민이나 문제로 여기지 않은 부분을 무리하게 해결하려 한다면 기존의 수업 컨설팅 혹은 수업장학과 다를 바가 없다. 수업나눔 안내자의 알아차림과 판단은 현존하지만 수업자의 사고와 정서의 흐름을 따라가면서 안내해 줄 필요가 있는 것이다.

이 말이 어렵게 들리겠지만 달리 생각하면 수업안내자는 컨설팅이나 문제를 해결해 주는 자가 아니기 때문에 수업자의 문제를 해결할 부담감이나 책임감에서 벗어날 수 있다는 의미도 담겨있다. 수업나눔 안내자는 해결자가 아닌 돕는 자이다. 수업자의 고민을 해결하기 위해서 다른 수업사례나 자신의 경험을 예시로 제시하기 보다는 수업자가 자신의 수업 안에 머물며 고민이나 문제점을 찾도록 안내를 하면 되는 것이다. 이렇게 하려면 수업자라는 존재가 성찰적 실천가로서 자신의 수업을 성찰하고 실천할 수 있다는 믿음이 있어야 한다. 그럴 때 나의 판단이 아닌 그의 고민에 함께 머물 수 있고 이런 분위기 속에서 수업자도 따뜻하고 객관적인 시각으로 자신이 보지 못한 다른 면을 볼 수 있게 된다.

수업 촬영방법을 잘 안내하고 수업 영상 미리 보기

수업코칭연구소의 철학은 수업 속에서 교사와 학생을 수단이 아니라 존재로 만나며, 수업자의 내면을 지지해 주고 깊이 성찰하도록 돕는 것이다. 따라서 안내자는 수업나눔을 할 때마다 수업자의 수업 속 마음을 만나기 위해 노력해야 한다. 평소 알고 지내던 선생님이라도 수업을 보고 수업나눔을 안내하는 것은 결코 쉬운 일이 아니다. 교사의 수업을 통해 교사의 삶을 만나는 과정이기 때문에 더욱 그러하다.

학생들을 지도할 때도 우리는 학생의 삶의 무게가 버거워 주저할 때가 있다. 수업나눔도 마찬가지이다. 동료교사의 수업을 피상으로 보는 데 그치지 않고 수업자의 신념과 이 신념의 원천이 되는 삶을 만난다는 부담감은 수업나눔 하는 것을 주저하게 만든다. 하지만 학생들과의 만남에서 교사가 가르치는 지식적인 내용보다 교사의 삶과 지식을 대하는 신념이 진정한 변화를 일으키듯이, 동료교사와의 만남에서도 서로의 수업 속 신념과 삶을 나누게 될 때, 수업의 근본적인 성장과 변화가 일어나게 된다.

이렇게 교사를 존재로 만나는 수업나눔이 이루어지기 위해서는 수업나눔 전 성찰지와 더불어 수업자의 수업영상이 잘 준비되어야 한다. 수업영상을 잘 준비해야 한다는 것은 잘된 수업, 탁월한 수업을 촬영하고 준비해야 한다는 의미가 아니다. 이 말은 좋은 수업이 아니라 평소의 일상 수업이 제대로 촬영되어야 한다는 의미이다. 제대로 촬영되어야 한다는 의미는 교사의 모습과 음성, 그리고 학생의 모습이 잘 담겨있어야 한다는 뜻이다.

영상은 기본적으로 두 종류가 필요한데, 첫 번째는 교실 앞쪽에서 학생들이 모두 나오는 영상, 두 번째는 교사의 표정과 제스처가 보이도록 클로즈업한 상태에서 교사의 동선에 따라 움직이는 영상이다. 이를 이분할로 동시에 보면 수업나눔 안내자뿐만 아니라 수업자와 수업나눔에 참여하는 수업친구들까지 모두 새로운 통찰을 얻게 된다. 이것은 수업이 진행될 때 수업친구들이 교사만을 보거나, 학생만을 보는 치우친 관점을 가지고 있거나, 양쪽을 다 보더라도 신체 인지적인 한계로 교사와 학생 모두를 깊이 있게 볼 수 없기 때문에 착안한 방법이다.

수업촬영에 대한 이분할 영상 예시

수업영상을 본 수업자 소감

제 수업을 보기가 민망할 줄 알았는데, 재미있게 봤어요. 이 반만 들어가려 하면 심장이 뛰고 두려움과 언짢은 마음이 있어서 그것이 얼굴에 다 드러날까 걱정스러웠는데 그렇지 않은 것 같아 덜 창피했어요. 제 수업장면을 삼자의 입장으로 보게 되니, '난 너를 알아~' 하는 마음이 들었고, 객관적으로 바라보니 애쓰고 있는 제 자신의 모습이 안쓰럽게 느껴졌어요.

수업영상을 본 수업친구 소감

선생님의 수업 속에서 학생들이 즐겁게 참여하는 부분이 인상적이었어요. 선생님이 준비한 활동지를 굉장히 열심히 풀고 있는 OO이의 표정이 즐거워 보였어요. 수업나눔 전 성찰지에 적으신 내용처럼 지치고 힘들지만, 학생을 위해서 애쓰시는 모습이 감동적이었어요.

이처럼 특별할 것 없는 평소의 수업이라도 잘 준비된 영상을 성찰적 관점에서 집단으로 보게 되면 그동안 알아차리지 못했던 여러 가지를 느낄 수 있다.

그런데 수업나눔을 처음 해보거나 수업영상을 처음 촬영하는 경우, 영상이 엉뚱하게 촬영되거나 두 개 영상(학생관점, 교사관점)의 분량이나 시간이 맞지 않게 준비되는 경우가 있다. 그래서 수업나눔 안내자는 수업나눔 전에 수업영상을 확인해야 한다. 이런 상황이 발생했을 때 수업나눔 안내자는 두 개의 영상 간 시간을 잘 맞추고 필요에 따라서는 영상을 편집하는 수고를 감내해야만 한다.

또한 사전에 수업자의 수업나눔 전 성찰지를 읽으며 수업 영상을 미리 보아야 한다. 성찰지에 드러나 있는 수업자의 신념과 고민을 염두에 두고 수업 영상을 보면서 성찰해야 할 지점을 미리 메모해 둔다면 실제 수업나눔에서 유용하게 사용할 수 있다. 물론 이때 메모해 둔 내용을 실제 수업나눔에서 전부 나눌 필요는 없고 다 나눌 수도 없다. 수업나눔의 주도권은 수업자에게 있기 때문이다.

이처럼 수업나눔 안내자는 수업자의 수업을 수업나눔 전에 한 번, 실제 수업나눔에서 한 번, 이렇게 최소 두 번은 보아야 하기 때문에 부담이 될 수도 있다. 그렇기에 수업나눔 안내자는 전문성이 필요하다. 여기서의 전문성이란 수업나눔을 할 때 탁월하게 질문하고 안내하는 언변이나 촉진 능력을 의미하는 것이 아니라 수업자와 존재로 만나기 위해 이 모든 수고를 부담이 아닌 기쁨으로 감당하는, 일이 아닌 즐거움으로 누릴 수 있는 능력을 의미한다. 이 모든 수고가 깊이 있는 수업나눔으로 가는 의미 있는 사전 작업이고 수업자와 수업공동체를 든든하게 세우는 밑거름이 된다.

수업촬영 tip 10가지[12]

1. 카메라를 두 대 이상 촬영한다.
- 부득이 한 대로 촬영할 경우에는 일반적으로 뒤에 두기보다 교사와 학생 모두를 촬영할 수 있도록 앞에 설치하는 것이 좋다.

2. 카메라 한 대는 뒤에서 교사를 따라오며 촬영하고, 한 대는 앞에서 수업을 듣는 학생들을 촬영한다.
- 세 대면, 앞 한 대, 뒤 한 대, 한 대는 교사 따라오기 등 다양하게 응용할 수 있다.

3. 교사를 따라오는 카메라는 교수 상황이 잘 담기도록 촬영한다.

- 판서할 때는 칠판과 교사를, 영상자료를 볼 때는 영상을, 모둠
지도 시에는 교사를 클로즈업해서 계속 따라가며 수업을 전혀
보지 않은 사람들이 수업을 잘 볼 수 있게 촬영한다.

4. 학생을 촬영하는 카메라는 학습 상황이 잘 담기도록 촬영한다.

- 발표할 때는 발표하는 학생을, 교사의 강의 중에는 한 명 한 명
을 클로즈업해서, 학생활동 시에는 교사와 피드백 하는 학생 및
여러 학생을 촬영하며 현장감 있게 담는다.

5. 촬영할 때 낮이라면 카메라를 창가 쪽에 놓고 촬영한다.

- 그래야 역광이 발생하지 않는다. 어두운 상황이라면 창가 쪽이
아니어도 괜찮다.

수업촬영 교사관점

6. 고정된 카메라는 높게 설치하여 위에서 아래를 내려다보게끔 촬영한다.

- 그래야 뒤에 학생까지 보이고 교실 전체의 상황을 담을 수 있다.

7. 모든 카메라의 프레임 수는 동일(30fr:30fr)하게 맞추거나 배수(30fr:60fr)로 맞춘다.

- 보통 영화는 24fr, TV 드라마는 30fr이다. 프레임 수가 같아야 음성과 화면 싱크가 맞는다. 그렇지 않으면 편집 후 카메라마다 싱크가 조금씩 달라진다.

8. 무선 마이크가 있는 카메라를 활용하되, 없으면 핸드폰이나 녹음기로 교사 근처에서 녹음한다.

- 화질이 안 좋은 수업영상은 볼 수 있어도, 음성이 잘 안 들리는 수업영상은 보기가 힘들다.

9. 핸드폰 촬영 시에는 반드시 비행기 모드로 한다.

- 전화가 오면 촬영이 끊긴다.

10. 촬영을 시작하고 마칠 때 카메라 편집점 (박수 등)을 표시해 준다.

- 영상편집 시 영상의 시작, 영상의 끝을 알 수 있는 편집점이 된다. 손뼉을 안치면 일일이 촬영된 파일의 시작과 끝을 맞추어야 한다.

수업친구들이 수업자를 존중하고 수업자에 초점을 맞추도록 안내하기

　성찰중심 수업나눔을 진행하다 보면 수업친구들이 기존의 수업 협의회와 다르지 않은 가르치고자 하는 피드백을 하는 경우를 종종 보게 된다.

수업친구　선생님 고민 중의 하나가, 아이들이 서로 경청을 잘했으면 좋겠는데 그렇지 않은 것이라고 하셨는데요. 선생님께 여쭤보고 싶은 것은, 선생님은 수업시간이나 점심시간, 쉬는 시간에 아이들에 대해 얼마나 경청을 해주시는지 질문드리고 싶어요.

　위 질문 같은 경우는 직면 단계에서 나온 것인데, 평소라면 지적질로 느끼고 상처받을 수 있는 질문이라 할 수 있지만, 앞 단계인 이해와 격려 시간에 따뜻한 안전지대를 충분히 만들었기에 수업자로 하여금 성찰할 수 있게 한 의미 있는 질문이 될 수 있었다. 이 질문에 대해 수업자는 아래와 같이 대답했다.

수업자　아이들이 질문하면 가끔은 안 쳐다보고 대답할 때도 있어요. 쉬는 시간 같은 경우는 일하다보니 제가 경청에 대해 가르치면서도 별로 중요한 질문이라고 안 느끼거나 단순한 질문일 경우에는 경청하지 않는 순간이 있었던 것 같아요.

이때 수업나눔 안내자는 수업자의 대답 속에서 더 깊은 성찰로 들어갈 수 있는 실마리를 발견하고, 구체적인 질문을 통해 수업자에게 계속 초점을 맞추는 것이 중요하다. 하지만 수업친구 입장에서는 질문을 했지만 막상 수업자의 대답에 깊이 머무르기보다는 자신이 수업자에게 전달하고자 하는 스토리를 말하며 가르치고자 하는 방향으로 흐르기가 쉽다.

수업친구 네, 그러셨군요. 제가 여쭤본 이유는 얼마 전에 제가 어떤 사람을 만났는데요. 그 사람이……

이렇게 수업나눔의 대화가 수업자에게 초점을 맞추지 않고, 스토리로 빠지려는 상황이 전개되기도 하는데 수업나눔 안내자의 역할이 매우 중요한 순간이다. 수업친구에게 실례가 될 수도 있지만 수업자를 존중하는 의미에서 아래와 같이 수업나눔의 초점을 다시 수업자에게 맞춰야 한다.

수업나눔 안내자 잠시만요 선생님, 죄송하지만 수업자 선생님의 이야기를 조금 더 들어보면 좋을 것 같아요. 수업친구 선생님이 방금 질문을 정말 잘해주셨어요. 아주 중요하고, 직면하게 하는 질문인 것 같아요.

수업나눔 안내자나 수업친구들이 가지고 있는 공통된 마음은 '수업자를 돕고 싶다'는 것이다. 그런데 그런 바람과는 달리 수업자를 돕지 못하는 안타까운 상황이 연출되기도 한다. 수업친구들이 자기 스토리로 빠지려 할 때 수업나눔 안내자는 실례를 무릅쓰고 중간에 개입하여 초점을 다시 수업자로 돌려야 한다. 이는 수업자를 돕고 싶다는 수업친구들의 진짜 마음이 제대로 반영되고 이를 통해 수업친구들도 상처를 받는 것이 아니라 수업자에게 더 집중해야겠다는 마음을 다지는 계기가 되기 때문이다. 이렇게 일관된 관점으로 수업자에게 초점을 맞춰서 안내한 덕분에 이후 대화에서는 "왜 경청하지 못했는가?"에 대한 근원의 뿌리까지 깊이 성찰하여 수업자가 자신을 직면할 수 있었다. 결과적으로 질문한 수업친구의 원래 의도대로 수업자의 성찰을 돕게 되었고, 수업자와 수업나눔 안내자, 그리고 수업친구까지 모두에게 깊고 의미 있는 시간이 될 수 있었다.

안내자도 솔직하게 참여하면서 수업친구들과 함께하기

때로는 수업나눔이 시작되었음에도 불구하고 수업나눔 안내자의 머릿속이 복잡해질 수도 있다. 왜냐하면 수업자의 감정과 사고의 흐름도 신경써야 하고, 수업친구인 동료교사들의 이야기도 어떻게 연결해야 할지 고민이 될 때가 많기 때문이다. 그뿐 아니라 수업나눔을 진행하다 보면 어디에 초점을 맞추고 안내해야 할지 막막한 시점이 오기도 한다. 그래서 어느 때는 만족하고 어느 때는 역할을 잘 감당하지 못한 것 같아 아쉬울 때도 있다. 순간순간 여러 난관이 있지만 여기서 중요한 것은 안내자가 솔직하게 지금의 감정들을 같이 나누면서 진행해야 한다는 사실이다. 수업자는 수업자 나름대로 자신의 모습이 그대로 드러나는 시간이기 때문에 긴장할 수밖에 없고, 수업친구도 의도치 않게 수업자에게 상처를 주지는 않을까 조심하며 긴장하게 된다. 이러한 분위기에서 수업나눔 안내자가 자신의 감정을 먼저 솔직하게 드러낼 때 수업자와 수업친구들도 긴장을 풀 수 있고, 자칫 딱딱하고 권위적인 분위기로 흐를 수 있는 수업나눔이 자연스럽고 따뜻한 분위기로 바뀌게 된다.

수업자가 어떠한 태도와 문제의식을 갖느냐에 따라서도 수업나눔의 방향이 다양해진다. 가장 어려운 경우는 수업자가 수업나눔에 의무적으로 참여해서 자기 고민을 오픈하는 것을 힘들어하거나, 수업에 대한 자기 철학이 부족해서 수업을 주관적으로 이야기하는 것을 매우 낯설어할 때이다.

얼마 전, 한 학교에서 의무적으로 수업나눔에 참여한 교사를 만났는데 자신이 현재 매우 불편한 상황임을 솔직하게 이야기해 주었다. 이런 경우 대부분의 안내자는 난감해지기 일쑤다. 수업자가 고민을 덜 드러내고, 자기를 성찰하는 경험이 낯설면 수업나눔이 겉돌게 되기 때문이다. 이럴 때는 안내자가 수업나눔의 철학을 주장하기보다는 수업자의 현재 상태를 정확히 파악하여 수업자가 알아차릴 수 있는 정도에서 수업나눔을 안내하는 것이 좋다. 수업자를 도와주려는 과도한 친절이 수업자에게는 오히려 침해로 느껴질 수도 있다.

이를 예방할 수 있는 또 하나의 방법은 수업자가 수업나눔 전 성찰지를 작성할 때부터 깊은 성찰이 일어나도록 격려하는 것이다.

수업나눔의 주도권을 가진 수업자가 수업나눔 전 성찰지를 작성하면서 스스로 자신의 수업을 성찰하는 경험을 갖게 되면, 이 경험의 결을 따라서 수업나눔도 자연스레 깊이 있게 나아갈 수 있다. 그렇기에 수업나눔 전 성찰지를 준비하는 과정은 의미 있는 성찰을 위한 매우 중요한 첫 단추라고 할 수 있다.

수업나눔 안내자의 성향에 따라서도 수업나눔하기 편한 수업과 그렇지 않은 수업이 있을 수 있다. 어떤 안내자에게는 평범하지만 수업자의 수업 속 신념과 의도가 비교적 잘 나타난 빛깔 있는 수업이 편하게 느껴질 수 있고, 어떤 안내자에게는 수업자가 실패했다고 느끼거나 수업 속 신념과 실제 장면이 일치하지 않는 수업을 안내할 때 오히려 편하게 느낄 수 있다. 수업자에 따라 다양한 상황이 전개될 수 있고 수업나눔 안내자 또한 다양한 선택지가 있기에 안내자의 입장에서 어떤 수업나눔이 편한지 알아차리고 다양한 선택을 시도해 보는 것도 좋다. 이를 통해 수업을 보는 자신의 틀을 발견함으로써 자신이 힘들어하는 수업이 어떤 수업이고 왜 그러한지를 더 깊이 성찰할 수 있기 때문이다. 이처럼 수업나눔은 함께 만들고 진행해가는 것이기에 가능하다면 수업공동체 안에서 각각의 역할 (수업나눔 안내자, 수업자, 수업친구, 실무자 등)을 돌아가면서 해보는 것도 좋은 방법이다.

수업나눔 프로세스는 고정된 매뉴얼이 아님을 기억하고 목적에 초점 맞추기

처음 수업나눔을 시도할 때는 연수 때 받은 프로세스대로 수업 나눔을 진행하려고 하는데 수업나눔 프로세스는 하나의 도구일 뿐이다. 그렇기에 이를 사용하는 방법은 수업자와 안내자, 수업친구들, 학교상황에 따라 변화될 수 있고, 변화되어야만 한다. 같은 학교, 같은 참가자들이라 할지라도 수업나눔의 상황에 따라 어떤 때는 수업자의 신념을 길게 들을 수도 있고, 격려단계까지만 하고 마칠 수도 있으며, 바로 고민으로 들어갈 수도 있다. 수업과 마찬가지로 수업나눔도 상황과 맥락에 따라 예측 불가하므로 진행될 때마다 수업자와 모인 선생님들의 상황에 맞추어 '이해-격려-직면-도전'의 프로세스를 변형하면서 편안하게 사용하는 것이 바람직하다.

특히 수업나눔 프로세스에서 교사들이 힘들어하는 단계는 직면단계이다. 이 부분이 수업장학의 지적이나 지도조언이 되지 않으려면 수업자의 시선으로 나눔이 진행되어야 한다. 보통 교사의 고민과 의도가 더 깊이 드러나지 못한 장면과 연결하여 수업친구들이 의문을 찾으면 그것을 칠판에 적거나 수업자에게 보여준 다음 선택하게 하는데, 이때 대부분의 수업자는 자신의 고민보다도 대답하기 편한 질문을 고르는 경우가 많다. 이때 안내자는 수업자의 고민에 맞닿아있는 질문을 고르도록 유도하면서 수업자의 대답을 통해 수업자가 고민을 성찰할 수 있도록 안내해 주어야 한다. 자칫 이 부분이 수업자에게 강요된 고민으로 다가갈 수 있다고 느껴질 경우에는 오히려 안내자가 아닌 다른 수업친구들에게 참여할 공간을 주는 것도 좋다. 안내자는 그 질문들을 잘 연결해서 수업자가 자신의 고민에 머물 수 있도록 돕는 것이 더 효과적일 수 있기 때문이다.

이렇게 매뉴얼은 공동체의 상황에 따라 고정되지 않고 변화되어야 하지만 수업나눔의 목적인 교사의 내면을 세워주는 시간이라는 목적은 잘 지켜져야 한다.

이번 수업나눔 시간을 통해 특별한 수업기술을 배워서라기보다 내면에 자존감이 생긴 것 같아 아이들에게도 그 기운이 전해질 것 같아요. 그게 가장 큰 소득이죠. 수업에 자신감을 느끼게 된 것에 대해 감사드립니다.

지난 7년간 수업코칭연구소는 전국의 다양한 교사들과 수업을 나누면서 느낀 점이 있다. 학교 현장에서 수업 속 선생님들의 내면이 우리가 생각했던 것보다 훨씬 더 많이 아프고 심하게 무너진 상태라는 사실이다. '실천적 성격을 가진 수업은 다양한 수업사례를 많이 보고 성찰하는 과정의 축적이 전문성 성장의 과정이다.'[13] 라고 하지만 대부분의 교사는 자신의 수업 속 모습에 부끄러움을 느낀다.

저도 항상 이 생각을 하거든요. '내 수업은 잘못된 것이다. 분명 좋은 수업은 더 혁신적이고 더 멋진 수업일 것이다.' 가끔 아이들에게 너무 미안한 마음이 들어요. 아이들이 쓴 교원평가에서 잊으려고 애를 썼는데도 못 잊었던 부분이 있어요. 매년 내용을 정리해서 갖고 있고 그걸 보면서 바꾸려고 노력하지만 잘 지켜가고 있는지도 고민이에요.

수업나눔을 계속 경험하면서 수업나눔의 목적은 교사들이 전문가라는 인식을 갖고 교사들의 전문영역인 수업을 자연스럽게 공개하고 나누는 지속가능한 성찰중심의 교사공동체를 만드는 것임을 깨닫게 되었다.

교사공동체는 치료적 공동체가 되어야 한다. 치료적 공동체는 안전지대만을 제공하는 것이 아니라, 직면도 함께 제공하는 공동체이다. 교사의 내면을 세워주겠다는 목적에서부터 이 치료적 공동체는 시작된다. 말과 마차가 달려갈 때, 마차가 말을 끄는 것이 아니라, 말이 마차를 이끌듯이 교사의 내면을 세워주겠다는 목적이 치료적 공동체를 이루게 하는 선제 조건이 되는 것이다. 이러한 목적으로 안전지대를 먼저 형성하는 것이 중요하다. 왜냐하면 안전지대에서 경험하는 직면과 그렇지 않은 상태에서 경험하는 직면은 본질적인 차이가 있기 때문이다. 수업자가 수업나눔을 마치고 집으로 돌아가면서 "아, 왜 내가 그 자리에서 그 얘기까지 했을까? 사람들이 날 어떻게 생각할까?" 하는 생각이 들거나, 수업친구들이 "나도 저렇게까지 나 자신을 드러내야 하는 거야? 부끄러워서 내 수업은 공개 못 하겠어." 하는 마음을 갖게 된다면 이는 안전지대가 아닌 곳에서 직면을 경험한 증거라 할 수 있다. 아래 교사의 고백을 통해 수업나눔의 목적을 더 깊이 이해할 수 있을 것이다.

제가 수업에서 가장 슬펐던 게…… 저의 노력이 무가치하다는 느낌이었는데, 제 노력이 의미 있었다고 인정해 주시는 선생님들의 응원이 눈물 나고, 감동적이었어요.

제가 수업에서 학생들을 기다려주지 않고 있다는 말이 어떻게 보면 자극적이고 상처가 될 수 있는 말인데, 오히려 마음에 확 와 닿았어요. '내가 이건 정말 고쳐야 되겠구나.' 하는 마음이 들었거든요. 사람은 변할 수 없다고 하는데 '교사로서 내가 변할 수도 있겠구나. 이렇게 연대하면 바꿀 수 없는 게 없겠다.'는 생각을 하게 되었어요.

수업나눔에 참여한 수업자의 고백에서 느낄 수 있듯이, 상처가 될 수 있는 말도 교사의 내면을 세워주는 목적에 충분히 머무른다면 오히려 직면을 경험하게 하는 촉진제가 되기도 한다. 수업나눔 안내자가 수업나눔 프로세스의 매뉴얼이 아닌 교사의 내면을 세워주겠다는 목적에 초점을 두고 수업나눔을 진행할 때, 치료적 공동체에 꼭 필요한 직면도 결국은 성찰이 무르익은 안전지대에서 자연스럽게 일어나게 될 것이다. 이를 위해 수업나눔 안내자도 실무자와 함께 현재의 공동체가 정서적 안전지대를 이루고 있느냐에 대해 함께 성찰하며 협력하는 것이 중요하다.

학교 밖 수업공동체 세우기

　얼핏 느끼기엔 학교 밖에서 수업나눔 공동체를 만드는 것보다는 물리적으로 거리가 가깝고 일과시간도 함께 공유하는 학교 안에서 수업나눔 공동체를 만드는 것이 쉽게 느껴질 수 있다. 우리도 궁극적으로 자신이 근무하는 학교에 성찰중심 수업나눔 공동체가 세워지기를 희망하고 지지한다. 그러나 현실에서는 의외로 쉽지 않은 경우가 많은데 그 이유는 가족들과 속 얘기를 나누기가 더 어려운 것과 유사하다.

　자주 만나고 많은 부분을 공유하는 가족들이 함께 TV 시청을 하고 식사도 하며 한 공간 안에 생활하면서도 정작 중요한 고민과 문제는 나누지 않는 경우가 많다. 여러 원인이 있겠지만 대개는 '말 안 해도 어느 정도 알겠지.', '말해 봤자 이해 못할거야.', '새삼스레 이런 닭살 돋는 얘기를 어떻게 해.' 하는 생각이 들면서 깊은 고민을 나누지 못하게 된다. 마찬가지로 교사들도 같은 학교의 같은 교무실에서 생활하는 동료교사들과 업무, 생활지도 등 다양한 영역을 함께 고민하고 소통하지만, 정작 가장 중요하다고 할 수 있는 수업에 대해서는 나누지 못하고 있다. 혼자 고민을 짊어진 채 침묵하거나, 수업을 주제로 같이 대화하다가도 바쁜 학교업무 등으로 인해 여유를 잃게 된다. '처리해야 할 일들이 이렇게 쌓여있는데 수업에 대해 나누고 있는 것이 사치는 아닐까?' 이런 생각을 하며 같은 학교, 같은 교무실, 바로 옆에 앉아있는 소중한 동료교사와 본질을 나누지 못한 채 점점 더 일만 같이 하는 관계로 머물게 되는 것이다.

새로운 공급처, 학교 밖 수업나눔 공동체

이런 상황에서 학교 밖 수업나눔 공동체는 좋은 시작점이 될 수 있다. 학교 밖 수업나눔 공동체는 어떻게 보면 의미 있는 공동체이지만, 한편으론 도피적이고 임시적인 공동체라고도 할 수 있다. 하지만 이런 임시적 공동체에서 이루어지는 깊고 의미 있는 경험들이 이곳에서 끝나는 게 아니라 내가 살고 있는 현장과 공동체로 흘러 들어가기에, 학교 밖 수업나눔 공동체는 중요한 의미를 가진다고 말할 수 있다.

무더운 여름날의 에어컨을 비유로 들자면, 우리는 한여름에 살인적인 무더위를 피하고자 에어컨이 있는 곳을 찾게 된다. 에어컨 앞에서는 잠시 시원함을 느낄 수 있을지 몰라도 다시 에어컨이 없는 밖으로 나갔을 때는 오히려 더 덥고 더 힘들어진다. 마찬가지로 학교 밖 수업나눔 공동체도 이와 마찬가지일 것이다. 학교 밖에서는 마음 맞는 교사들과 함께 모든 고민을 나누며 시원함과 행복함을 느끼다가 학교 현장과 교무실로 돌아와 솔직하게 내 고민을 나누지 못하는 소통 없는 공간 속에 있으면 마치 벽들에 둘러싸여 있는 듯한 느낌을 받을 수 있다. 이런 상황이 계속된다면 현실은 더 힘들어지고 교사의 마음도 교사가 살고 있는 현장에서 점점 더 멀어지게 된다. 현장을 회피하게 되는 것이다.

그렇다면 이런 괴로움을 느끼지 않기 위해 학교 밖 수업나눔 공동체를 포기해야 할까? 그렇지 않다. 오히려 학교 밖 수업나눔 공동체에서의 의미 있는 경험들이 언젠가 자신의 현장 공동체에 영향을 줄 수 있음을 기대하며 앞으로 나아가야 한다. 학교 밖 공동체에서 얻은 수업에 대한 통찰과 본질적이고 의미 있는 공동체 문화가 자신이 속한 학교에까지 스며들어 갈 수 있기를 기대하는 것, 다시 말해 자신이 학교에서 이루고 있는 공동체에 학교 밖 수업나눔 공동체가 영향을 주기를 바라며 새로운 통찰과 공급을 경험하는 것. 이것이 바로 학교 밖 수업나눔 공동체의 진정한 의미라고 할 수 있다. 성찰중심의 수업나눔 문화가 학교 밖 수업나눔 공동체에 어떻게 꽃 피울 수 있는지를 수업코칭연구소의 대전 지역연구회 사례를 통해 알아보고자 한다.

강력한 자발성과 평범함으로부터의 출발

지난 2011년 수업코칭연구소가 설립될 무렵, 대전지역에서도 수업코칭연구소의 대전지역 모임이라고 할 수 있는 '대전행복한수업코칭연구회(행수연)'가 태동하게 되었다. 학교는 다르지만 대전이라는 공통 지역 기반을 둔 교사들의 학교 밖 수업나눔 공동체 행수연은 탁월한 교사들이 모인 공동체가 아니라 수업 속에서 힘들어하고 아파하는 평범한 교사들이 모인 공동체였다. 2011년 1학기 당시, 수업코칭연구소의 김태현 부소장이 서울의 (사)좋은교사운동 사무실에서 <행복한 수업 아카데미(행수아)>과정을 개설했는데, 대전에서 한 교사가 수업에 대한 목마름을 안고 참여하게 되었다. 이것이 인연이 되어 2011년 2학기, 대전에서 '행복교육실천운동'이라는 교사 단체 주관으로 김태현 부소장의 특강이 마련되었고 이곳에 대전지역 30여 명의 교사들이 참여하면서 수업 공동체에 대한 열정의 씨앗이 뿌려지게 되었다.

2011년 태동 당시에는 행수연이 큰 호응을 얻지 못한 채 모임이 흐지부지되어 좌절을 겪었는데, 지금 와서 생각해 보면 학교 밖 수업나눔 공동체의 강력한 원동력이라고 할 수 있는 자발성이 부족했기 때문임을 느끼게 된다.

2011년 첫해의 실험적 시도 때에 행수연은 자발적인 참여가 없어서 좌절을 겪었다. 수업나눔 공동체에 대한 열망은 있었지만, 이 비전을 충분하고 깊게 공유하지 못한 채 수동적인 동료교사들을 어렵게 이끌어 가는 형태였기 때문에 그 한계로 인해 빚어진 예상된 결과였다. 그러나 다음 해인 2012년에는 수업나눔에 대한 열망을 가진 10여 명의 중고등학교 교사들이 중심이 되어 공동체를 다시 시작하게 되었다. '너무 외롭다. 수업에 대한 고민들을 더 이상 혼자 짊어지고 가기 싫다.', '나도 누군가와 깊이 수업에 대해 나누는 공동체를 세워가고 싶다.'라는 마음을 가진 그들은, 수업에서 주고받은 여러 상처로 인해 울고 있던 평범한 교사들이었는데, 교사들의 자발적인 참여가 바탕이 되니 지금까지도 같이 공동체를 이루며 나아가고 있고 함께 소중한 경험들을 쌓아가고 있다.

학교 현장의 분주한 상황들로 인해 우리는 공동체가 이루어지지 않거나 형식적으로 운영되는 모습을 수없이 목격해 왔다. 그래서 수업에 대해 고민하는 우리 각자의 마음을 자신의 삶의 현장에서 나누지 못하고 본심을 숨긴 채 학교의 분위기에 맞춰 살아간다. 이런 상황에서 학교 밖 수업나눔 공동체를 통해 자발적으로 참여하는 소수가 갖는 의미는 더욱 소중할 수밖에 없다.

교사로서 우리는 자신의 수업과 교육적 행위에 대해 깊은 의미를 발견하고 싶어 하고, 교사에게 그 의미는 매우 중요한 가치를 지니고 있다. 마찬가지로 소수이지만 자발성을 바탕으로 한 서로가 학교 밖 수업나눔 공동체에서 만나 서로의 수업 속에 담긴 깊은 의미를 발견하고 나누게 될 때, 화려하진 않지만 수업에 대한 고민을 포기하지 않고 나아가게 하는 소중한 힘을 얻게 된다. 하루는 수업나눔과 관련된 연수에서 한 선생님의 고백을 듣고 마음이 뭉클했던 적이 있다.

우리는 흔히 안되는 걸 자주 봅니다. 그런데 되는 걸 세는 게 훨씬 의미 있더라구요. 될 선생님 한 분이 내면의 상처를 회복하고 바로 서게 되었을 때, 이분이 수업 안에서 성장하고 아이들과 상호작용을 해나간다면 그 의미가 엄청나게 큰 것 같아요. 우리는 될 부분에 집중할 필요가 있다고 생각합니다. 그래서 제 주변에 있는 한 분 한 분이 제게는 너무 소중한 분들이에요.

어둠이 몇만 개 있어도 촛불 하나가 다 이겨내듯이 학교 밖 수업나눔 공동체도 자발적인 참여가 여러 난관을 다 이겨내게 한다. 이러한 자발적인 참여를 통해 전문성을 갖춘 모든 교사가 학교 현장에서 서로 성찰하고 경험을 나누지 못하는 것에 대해 안타까움을 느끼고, 이 안타까움이 삶의 현장에서 서로를 향한 또 다른 사랑과 에너지가 되어 삶의 현장에도 공동체를 세우고자 하는 열정이 일어나는 것이다. 그렇게 자발적인 참여는 지속가능한 공동체성으로 이어지고 강력한 자발성으로 유지되기 시작한다.

학교 밖 수업나눔 공동체의 수업나눔 동선

학교 근무시간 내에 충분한 수업나눔의 시간을 확보하는 것은 수업에 관심이 많은 학교에서도 결단이 필요한 일이다. 그러나 학교 밖 수업나눔 공동체에서는 같은 목적과 자발성이 담보되어 있기 때문에 그다지 어려운 일이 아니다.

대전 행수연에서도 자발적인 참여가 있었기에 초창기부터 자연스럽게 성찰중심 수업나눔 시간을 충분히 확보할 수 있었다. 2012년부터 두 주에 한 번씩 일상 수업을 정기적으로 나누기 시작했는데, 그 활동 동선은 아래와 같다.

행수연의 활동 동선 1 (월 2회 격주로 진행)

시간	활동	비고
14:30~15:00	수업나눔을 위해 각자의 학교에서 출발	여비부지급 출장
15:00~16:00	수업자의 수업공개	수업자의 학교, 특별하지 않은 일상 수업
16:00~17:30	수업친구들과의 1차 수업나눔	90분 1차 (이해-격려)
17:30~19:00	저녁식사	
19:00~21:00	수업친구들과의 2차 수업나눔	120분 (직면-도전)
21:00~21:30	귀가	

위의 동선은 공식적인 '연구회 출장'을 활용해서 확보할 수 있었는데 이는 2012년부터 대전 행수연이 지역교육청과 연계한 <교과연구회> 사업에 응모해서 활동을 같이했기 때문에 가능했다. 수업코칭연구소의 지원 아래 지역교육의 변화와 교사공동체의 회복이라는 목표를 갖고 지역교육청과 함께 걸어왔던 과정은 서로에게 좋은 경험을 제공해 주었다. 아픔이 있던 평범한 교사들이 모인 공동체이지만 행수연 차원에서 출장 공문을 발송할 수 있었고, 대전이라는 같은 지역성을 활용해 각자의 학교는 다르지만 수업나눔 활동을 공식적으로 진행할 수 있었다. 교사의 하루일과는 분주하게 돌아가기 때문에 한

사람의 수업을 온전히 봐주고, 그 수업을 3시간여 동안 나눈다는 것은 너무 비효율적이고 지속 가능하지 않은 방법이라는 생각이 들 수도 있다. 하지만 우리가 계속 충분한 시간을 확보하며 자발적으로 참여하게 된 결정적 계기는 '내가 수업자가 되었을 때 느꼈던 가치' 덕분이었다. 수업자가 되었을 때 경험한 가치를 수업나눔 후 기록한 성찰지를 통해 느낄 수 있다.

어제 수업공개와 수업나눔을 하고서 그 감동을 오래오래 기억하고 싶어서 일기를 쓰듯 기록해 두었던 글을 나눕니다. 수업 촬영하러 일과 중에 멀리까지 와주신 OO선생님, 아이들 한명 한명을 집중하여 바라봐주시고 인터뷰 해주시고 격려해 주시던 OO선생님.

그렇게 나를 위해, 내 한 시간의 수업을 위해 애쓰시고 자신의 시간을 내어주신 선생님들이 계신다는 사실이 얼마나 큰 힘이 되는지요. 어떻게 말로 표현할 수 없는 감동이었습니다.

그리고 그날 저녁 수업나눔의 시간, 퇴근 시간 이후 모인 행수연 선생님들이 내 수업영상을 함께 보는 것으로 수업나눔이 시작되었습니다. (중략) 무기력한 아이들에 대한 고민은 여전히 남아있지만, 아이들에게 쏟는 힘과 노력과 시간이 정말 그 아이들 중 누군가에겐 수업친구 선생님이 말씀하신 것처럼, 그런 영향력으로, 그런 사랑으로 기억될 것이라고 생각하며 나아간다면 지금처럼 지치는 마음은 들지 않을 것이라는 생각이 들었습니다. 아니, 오히려 힘이 날 것 같습니다. 그리고 오늘 보여주신 수업친구 선생님의 눈물을 잊지 말아야지 하는 다짐을 해 봅니다.

학교 밖 수업나눔 공동체는 아무래도 일과시간(근무시간)이 아닌 퇴근 후나 별도의 시간에 모일 수밖에 없기 때문에 언뜻 보기에 더 많은 에너지와 역량이 투입되어야 한다고 느껴질 수 있다. 그래서 '내 학교에서도 안하는 걸 굳이 밖에 나가서까지 해야 할까?' 하는 생각이 들 수도 있다. 그러나 내가 관심 있고 좋아하는 것을 같이 하는 힘, 다시 말해 자발성과 공동체성이 이 모든 어려움을 넉넉히 극복할 수 있는 원동력이 되어준다. 지금 이 시대에 전국 곳곳에서 일어나고 있는 의미 있는 학교 밖 수업나눔 공동체들이 이를 증명해 주고 있다.

학교 밖 수업공동체를 응원하며

단위학교 수업나눔 공동체이든, 학교 밖 수업나눔 공동체이든 함께 기억하면 좋은 의미 있는 지점이 있다. 그것은 수업을 나눌 때 수업자도 성찰하게 되지만, 수업친구들에게도 굉장히 깊은 성찰이 일어난다는 점이다. 다시 말해 남을 돕고자 할 때 오히려 자신의 전문성도 깊어지는 경험을 하게 된다.

처음에는 행수연도 수업나눔을 시작한 지 얼마 되지 않았기에 어떻게 수업을 보고 나누어야 할지 잘 몰라서 우왕좌왕했던 적이 있다. 어찌 보면 비효율적이라고 할 수 있는 시간 동안 잃어버리지 않고 잘 잡고 있었던 것은 바로 수업자를 향한 마음이었다. '소중한 수업에 초대해 준 수업자에게 도움을 주고 싶다.', '수업자가 성찰하는 것을 더 돕고 싶다.' 하는 마음. 그 진정성 있는 마음들이 모여 의미 있는 꽃을 피울 수 있었고 수업나눔의 가치를 더욱 깊이 깨달을 수 있었다.

물론 학교 현장에 적용할 때는 이러한 진정성과 함께 효율성도 균형이 맞춰져야 한다. 학교현장에서는 이렇게 서너 시간씩 수업나눔을 진행하기가 어려울 때가 많기 때문에 집약적으로 수업나눔이 이루어져야 한다. 그러나 더 중요한 것은 충분한 시간을 확보하려는 이유가 바로 수업자의 고민에 같이 머물러주고, 수업자를 돕기 위한 것임을 놓치지 않는 것이다. 그럴 때 효율적인 수준을 넘어 삶을 통한 깊이 있는 통찰을 경험하게 되고, 자연스럽게 충분한 시간 확보에 대한 동기도 더욱 커지게 된다. 이러한 경험을 학교 밖 수업 공동체에서 먼저 경험할 수 있기에 현재 학교 밖 수업나눔 공동체에 참여하고 있는 교사들을 계속 응원하고 싶고, 이를 시작하려는 교사들에게는 적극적으로 권하고 싶다.

수업 톡톡 talk! talk!

1. 관계 형성하기 활동을 실제 해보면서 어떤 활동이 가장 마음에 와 닿으셨나요? 꾸준히 관계를 성찰하고 의미 있는 공동체를 형성하기 위한 다른 활동들에는 어떤 것이 있을까요?

2. 수업나눔 실무자, 수업나눔 안내자, 수업친구의 역할 중 내가 경험해 본 역할은 무엇인가요? 이런 역할을 경험하며 어떤 느낌이 드셨나요?

3. 학교 안과 밖 수업공동체 중에서 내가 더 관심 있는 공동체는 어디인가요? 더 관심이 가는 이유는 무엇인지 같이 나눠봅시다.

수업나눔 10가지 약속의 의미

우리는 수업나눔을 진행하기 전에 되도록 수업나눔 10가지 약속을 읽고 시작하기를 권하고 있다. 수업자의 수업을 본 후 수업나눔을 시작하려는 결정적 순간에 이 약속들을 다시 한 번 상기시키기 위함이다. 이 약속들에 담긴 의미를 깊이 성찰하고 내면화 할 때 수업나눔 또한 더욱 깊어질 수 있다. 수업나눔에 참여하는 수업자, 안내자, 수업친구들 모두가 의미 있는 경험 속에 머무르게 해주는 하나하나의 약속에 담긴 의미를 함께 나누어보자.

1. 수업방법이 아니라 수업자 내면의 삶을 나눕니다.

보통 첫 번째로 등장하는 약속이 특별한 의미를 지니고 있듯이 수업나눔 10가지 약속에서도 첫 번째 약속은 다른 9가지 약속들과 약간의 차이가 있는데, 그 차이는 목적과 무게감에서 나타난다. 보통 공개 수업을 보고 수업협의회를 할 때 다른 약속들은 형식적으로 어느 정도 구현할 수 있지만 첫 번째 약속만큼은 흉내 내기가 어렵다. 수업을 수업자의 시선으로 보거나 수업나눔 때 수업자를 격려하기도 한다. "나도 저런 걸 활용해야겠어.", "이런 변화는 정말 훌륭한걸.", "나는 저 지점을 이렇게 고민하고 있는데, 수업자는 저런 식으로 고민했구나." 등 수업을 수업자의 시선으로 보거나 수업나눔 때 수업자를 격려하며 많은 부분을 얻어가기도 한다.

그러나 교사의 삶이 투영된 흔적과 같은 수업을 더 깊고 의미 있게 나누다 보면 수업자 내면의 삶까지 자연스럽게 다루게 된다. 이때 수업자뿐만 아니라 안내자와 수업친구들의 시간과 노력도 더 들어가게 되고 "내가 이런 것까지 나눠야 하나?" 하는 부담을 느낄 수도 있다. 사실 수업자 내면의 삶을 나눈다는 것이 학교 현실에서는 어려운 일이고 심지어 불가능하다고 느껴질 수도 있다. 그러나 수업나눔에 참여했던 수업자의 아래 고백을 만나게 되면 왜 첫 번째 약속이 첫 번째 약속일 수밖에 없는지를 알게 된다.

수업자의 자리에 있어서 그렇게 느낀 것이었는지, 실제로 다른 때보다 오늘 더 그러했는지는 모르겠지만 오늘따라 수업나눔 때 선생님들께서 질문을 정말 많이 해주셨다. 그런데 그렇게 질문해주시는 선생님들의 눈빛에서 '선생님의 고민, 어떤 건지 알아요.', '선생님의 고민에 함께 해주고 싶어요.' 라는 이해와 격려의 마음이 너무나 많이 느껴졌다. 바쁜 일과로 피곤하실 거라는 걸 너무나 잘 알고, 실제로도 많이 피곤해 보이셨음에도, 오랜 시간 이어지는 수업나눔 가운데서도 오직 나 한 사람에게 집중하여 대화를 나눠주시는 선생님들…… 그 감동을 잊을 수 없다. 예전에 한 선생님께서 "제가 수업나눔 때 느끼고 받았던 사랑이 정말 감사해서 남아있게 되는 것 같아요."라고 하셨던 말씀이 이제 어떤 말씀이었는지 제대로 이해가 되는 순간이었다.[14]

첫 번째 약속을 이루기 위해서는 더 많은 에너지와 시간 사용에 대한 부담이 있지만, 이 부담보다 훨씬 더 값진 소통과 본질적 나눔에 대한 감동이 이를 가능하게 한다. 이를 통해 수업나눔의 목적이라고 할 수 있는 '교사의 내면과 공동체를 세우는 일' 또한 자연스럽게 이루어지게 된다.

2. 나의 틀을 내려놓고 수업자의 시선으로 갑니다.

교직 생활을 통해 공개 수업을 여러 번 경험하면서 교사들은 좋은 수업, 나쁜 수업, 잘하는 수업, 못하는 수업 등에 대한 각자의 틀을 가지게 된다. '도입에는 이렇게, 정리는 이렇게' 등의 조언과 '너는 실패한 수업을 했어.' 등의 지적을 감내하며 나만의 틀을 갖게 되는 것이다.

이러한 틀을 가지고 다른 이의 수업을 보면 때로는 참기 힘든 순간을 맞이할 때가 있다. 평소 수업 안에서 학생 주도적인 활동이 이뤄져야 한다는 생각을 하는 교사가 자신의 철학에 맞지 않는 수업을 볼 때 '이 선생님은 어떤 고민과 맥락에서 이런 방식으로 수업을 전개한 걸까?' 하는 궁금증을 가지기보다는 '왜 수업을 저런 식으로 밖에 못하지?' 하는 불편한 마음을 갖게 된다. 수업은 예술과 같아서 우리가 평가할 수 없다는 입장을 모르는 것은 아니지만, 도저히 수긍이 되지 않는다. 이는 자신의 틀을 내려놓을 수 없기 때문에 나타나는 현상이다.

우리 학교는 매주 수요일이 수업나눔을 하는 날이에요. 자신의 수업을 변화시키고 싶은 욕심은 모든 교사에게 있는데 서로를 기다려주면서 1년 내내 같이 갈 수 있을까 하는 두려운 마음이 들기도 해요. 내가 동료 선생님의 수업을 인내심을 갖고 잘 지켜볼 수 있을까, 가르치려고 들지는 않을지 걱정도 됩니다.
- A초등학교 P교사

여기서 '틀'이라는 것은 보통 교수법이나 수업 스타일의 수준을 뛰어넘어 수업 안에서 구현되어야 할 가치나 수업철학과 같은 깊은 수준을 의미한다. 여러 경험과 오랜 시간을 거쳐 형성된 틀이기에 당장 내려놓기가 쉽지 않다. 하지만 모든 수업에는 수업자의 이야기와 생각과 메시지가 있을 것이라는 믿음을 갖고 수업나눔에 임하게 될 때 첫 단추부터 잘 끼울 수 있게 된다. 그리고 나의 틀의 경계를 넘어서 여러 수업자의 고민과 생각들을 만나게 될 때 내 수준을 넘어서는 통찰과 성장을 경험하게 될 것이다.

3. '너'의 수업이 아니라 '우리'의 수업이야기를 함께 나눕니다.

　　교사 중에는 학교 현장에 처음 들어가서 아무것도 모르던 신규교사 때부터 대표 공개수업을 해본 경험이 있는 분들이 적지 않다. "저는 신규교사라서 아무것도 몰라요." 라고 사양해 보지만, "그렇기 때문에 대표 공개수업을 해야 하는 거야."라는 선배교사의 말에 못 이겨 결국 '폭탄 돌리기' 같은 느낌의 공개수업을 맡게 되는 것이다. 그러다 보니 수업을 참관하고 나누는 안내자나 수업친구들도 고생시켜 미안한 마음에 서둘러 수업협의를 마치고 좋게 마무리한다. 수업자의 수업을 '우리' 중 하나의 수업이 아닌 '너' 개인의 수업으로 보면서 '너'에 대해 이야기만 할 뿐 자신들의 이야기는 나누지 않게 된다. 이렇게 흐르다 보면 수업공개부터 나눔까지 인위적이고 꾸며진 협의회를 갖거나, 이마저도 아예 갖지 않을 수 있다.

수업나눔이라고 해서 정말 평상시의 수업을 공개할까, 아니면 보여주기 위한 수업을 공개할까 그것부터가 무척 궁금했어요. 수업나눔을 할 때 가장 많이 드는 생각은 이런 거에요. 평상시에도 저렇게 수업을 하실까? 자료준비도 되게 많이 하는데 평소에도 저렇게 준비하실 수 있을까? 사실 우리에게 중요한 것은 보여지는 모습이 아니라 평상시 아이들과 하는 수업인데…… 그러면서 점점 수업 후 협의회도 피하게 되었고 그 자리에 안 들어가 본 지도 오래 되었어요.

- H중학교 L교사

교사가 수업 안에서 어려운 고민이 생기거나 힘든 상황을 만나면 그 해결책을 보통 개인적 차원에서 찾게 된다. 각자가 큰 부담감을 안고 열심히 수업 준비를 하지만 서로의 수업 속 모습과 고민을 '우리'의 화제로 나누는 것은 익숙하지 않다. 그러다 보니 수업은 내 기술에 달린 문제이고 내 개인적 문제라고 느낀다. 하지만 어색할지라도 용기를 내어 동료교사와 각자의 수업에 대해 대화하고 수업 속 아픔과 고민을 나눠본 경험이 있는 교사라면 다 알고 있다. 수업이 개인 책임이 아닌 학교 공동체의 책임이라는 것을. 특히 세 번째 약속은 그동안 수업나눔을 경험하지 못한 교사들이라 할지라도 첫 걸음을 뗄 수 있게 해 준다. 다른 약속들이 어렵게 느껴지더라도 세 번째 약속을 깊이 성찰하다 보면 지금 이 순간 바로 적용할 수 있을 것이라는 용기를 갖게 해 준다. 작지만 의미 있는 한 걸음을 통해 수업으로 서로를 위로하며 따뜻한 성장이 이루어지게 될 것이다.

4. 수업자를 평가하지 않고 수업자의 삶을 격려·지지합니다.

교사는 직업적 특성상 학생들을 늘 격려하고 지지하는 입장이다. 하지만 정작 교사 자신들은 사회적으로도 교직 문화적으로도 격려와 지지를 받기가 쉽지 않다. 가능성과 관계를 다루는 영역이기에 모든 책임이 돌아올 수 있어서 무거운 중압감에 위축되기도 한다. 그렇기에 교사들이 서로의 수업친구가 되어서 서로서로를 격려하고 지지한다는 것은 매우 특별한 의미가 있다.

사실 학교현장 가운데서는 수업에 대한 어떤 얘기를 해도 공감을 해주는 사람이 많이 없어요. 최근에 이렇게 깊이 있는 대화를 나눠본 적도 거의 없었던 것 같아요. 그래서 수업나눔을 하게 되면 굉장한 힘을 얻게 됩니다. 방법적인 것을 알려주시는 것보다 나의 신념이 틀리지 않았다는 것에 대해 지지를 받으니 저절로 힘이 생기더라구요. '수업나눔이 참 소중한 시간이구나. 수업공개도 참 행복한 일이구나.' 라고 느낍니다. - J고등학교 L교사

네 번째 약속의 의미는 특히 내가 수업자가 되었을 때 더욱 깊이 다가온다. 수업나눔에서는 수업자가 행복하다. 수업을 공개한 후 '도마 위의 생선'이 된 기분으로 부끄럽고 실패한 감정에 휩싸여 있을 때 수업친구들이 겉으로 쉽게 보이는 현상이나 테크닉을 평가하는 것이 아니라 내 수업 속에 담긴 고민과 아이들이 의미 있게 배웠던 지점 등을 구체적으로 드러내 주면서 진심으로 격려해 주면 보약을 한 재 먹은 듯 상상 이상의 힘을 얻게 된다. 그래서 "다음에 수업을 공개할 사람!" 하면 서로 먼저 하려고 하는 기적이 일어난다. 수업자가 지금껏 살아온 경험들이 녹아있는 수업을 이러한 격려와 지지의 관점에서 바라보게 되면 이는 자연스럽게 수업자의 삶과 연결되

면서, 교사로서의 존재 자체가 회복되는 느낌을 갖게 되고 이를 통해 안전지대가 형성되는 것이다.

5. 수업자를 가르치는 것이 아니라 수업자가 성찰하도록 돕습니다.

수업을 공개하고 나눌 때 가르침을 받는 게 기분 나쁜 순간이 있다. 교사라는 직업을 가진 이로서 나도 누군가를 가르치고 있고 자연스럽게 누군가를 통해 배우고 있지만 어떤 때는 가르침을 받는 게 기쁘고, 어떤 때는 가르침을 받는 게 기분 나쁘다. 그 이유가 무엇일까? 여러 이유가 있겠지만 결정적인 부분은 바로 '가르치는 동기'에서 발생한다고 할 수 있다.

유명한 교육활동가인 파커 팔머는 자신의 저서 「가르칠 수 있는 용기」에서 제인 롬킨스의 에세이를 인용하여 다음 세 가지 잘못된 집착을 서술하고 있다.

※ 교사가 가질 수 있는 잘못된 집착 3가지[15]
1. 학생들에게 내가 얼마나 똑똑한 교사인지 보여주는 것
2. 학생들에게 내가 얼마나 지식이 많은지 보여주는 것
3. 학생들에게 내가 얼마나 수업준비를 충실히 하는지 보여주는 것

이러한 집착에서 시작된 가르침은 학생의 성장을 돕기 위해서가 아니라 학생들이 교사 자신을 훌륭하게 생각하기 위한 목적으로 잘

못 변질될 수 있다. 마찬가지로 이를 수업나눔에 적용하면 다음과 같이 변환될 수 있다.

※ 교사가 수업나눔에서 가질 수 있는 잘못된 집착 3가지
1. 동료교사에게 내가 얼마나 똑똑한 교사인지 보여주는 것
2. 동료교사에게 내가 얼마나 지식이 많은지 보여주는 것
3. 동료교사에게 내가 얼마나 아프지 않고 힘들지 않은지 보여
   주는 것

수업나눔의 목적도 수업자의 성장을 돕고 더 깊이 성찰할 수 있도록 도와주는 것이 되어야 하는데 위와 같은 집착에서 시작하게 된 동기는 수업나눔이 지속되지 못하도록 하는 요인이 될 수 있다. 수업친구가 '수업자를 존재로 바라보며 도움을 주고 싶다.'라는 동기가 아니라, '나의 지식을 뽐내고 싶다.'라는 동기에서 가르치려 할 때 수업나눔의 시간은 성찰이 아닌 고통의 순간이 된다. 그렇기에 다섯 번째 약속은 수업나눔의 목적과 대화의 동기를 지켜주는 소중한 약속이다.

6. 수업의 빠른 변화가 아니라 수업의 꾸준한 성장이 목적입니다.

여섯 번째 약속은 수업나눔의 최종 목적 중에 중요한 한 가지를 담고 있다. 지금까지의 수업협의 문화는 몇 번의 공개수업만으로 교

사의 모든 것을 평가하려는 분위기가 있었다. 그래서 수업협의회 상황에서도 참관자들의 가르침과 지적 한 마디로 수업자를 빨리 변화시키고자 하는 목적이 강했다. 그러다 보니 수업자는 마치 단 한 번의 수능시험으로 자신이 평가받는 수험생의 느낌으로 설렘이 아닌 긴장 속에서 공개수업을 준비하게 된다. 결국 자신이 진짜 고민하고 아파하는 지점에 대해 꺼내놓기 보다는 자신이 현재 잘하고 있는 수업만을 나누려는 두려움이 기반이 된 공개수업을 지향하게 된다.

굽이 돌아 가는 길

박노해

올 곧게 뻗은 나무들보다는
휘어 자란 소나무가 더 멋있습니다
똑바로 흘러가는 물줄기보다는
휘청 굽이친 강줄기가 더 정답습니다
일직선으로 뚫린 바른 길보다는
산 따라 물 따라 가는 길이 더 아름답습니다
곧은 길 끊어져 길이 없다고
주저앉지 마십시오
돌아서지 마십시오
삶은 가는 것입니다

그래도 가는 것입니다

우리가 살아있다는 건

아직도 가야 할 길이 있다는 것

곧은 길 만이 길은 아닙니다

빛나는 길만이 길은 아닙니다

굽이 돌아 가는 길이 멀고 쓰라릴지라도

그래서 더 깊어지고 환해져 오는 길

서둘지 말고 가는 것입니다

서로가 길이 되어 가는 것입니다

생을 두고 끝까지 가는 것입니다

위 시에서 굽이 돌아 가는 길이 더 깊어지고 환해져 오는 길이라고 표현한 것처럼 교직 생활을 하며 겪는 아픔과 고민의 경험을 오픈하며 꾸준히 성장하는 것이, 상처를 가린 가면을 쓴 채로 빠른 변화를 위해 긴장 속에 달려가는 것보다 훨씬 깊고 근원적인 성숙의 방법이다. 올 곧게 뻗은 나무들보다 휘어 자란 소나무가 더 멋있다는 것을 성찰중심 수업나눔에 참여하는 모두가 공유할 때 이러한 목적을 이룰 수 있게 된다.

7. 수업자를 앞서가지 않고 수업자와 공감하며 동행합니다.

　　논어에 나오는 과유불급(過猶不及)이란 말처럼 지나친 것은 모자란 것과 같다. 안내자나 수업친구들이 수업자를 인지적으로나 정서적으로 앞서갈 경우, 수업자는 충분히 공감 받지 못한 채 뒤따라가는 느낌을 받게 된다. 서로가 나누는 의미 있는 대화들도 속도의 차이가 발생하기 시작하면 서로 속도를 맞추기 위해 마음이 급해지고 수업자에게 충고하거나 가르치려 드는 분위기가 형성되면서 모두가 긴장하게 된다. 이러한 속도 차이는 주어진 시간 안에 많은 것을 다뤄야 할 때 주로 발생한다.

수업협의회에 참여하거나 제가 진행자로 진행하다 보면, '이 시점에서는 지도 조언을 들어야겠구나.', '시간상 이쯤에서 끊어야겠다.' 하는 시간계산을 혼자 하게 돼요. 그래서 수업자의 고민에 귀 기울일 수 없게 됩니다. 수업나눔을 하면서는 이런 데 마음을 쓰기보다 수업자의 마음을 공감해 주고 싶어요.
- A초등학교 H교사

　　속도 차이의 또 다른 원인으로는 성찰할 수업자의 입장보다, 나누고자 하는 수업친구나 안내자의 요구를 더 비중 있게 다룰 때 발생한다. 수업을 참관하다 보면 다양한 상황에서 의미 있는 지점들을 발견하게 된다. 그렇기에 수업나눔 때 안내자나 수업친구들이 자신이 깨닫고 메모하면서 느낀 부분들을 다 나누고 싶은 욕구를 가지게 된다. 하지만 이때 수업자가 느끼는 속도나 범위를 고려하지 않고 다 쏟아내려 한다면 이는 수업자를 돕는 것이 아니라 오히려 수업자를 부담스럽게 하는 행동일 수 있다. 학생을 상담할 때도 그 아이가 느끼는 고민에 머물러주고 공감해 줄 때 의미 있는 상담이 되듯이 수업나눔에서도 수업자가 느끼는 신념과 고민에 머무르며 공감하면서 함께 걸어갈 때 의미 있는 대화가 이루어진다. 그렇기에 수업자가 성찰하는 속도에 맞춰 안내자와 수업친구들이 때로는 기다려주고 때로는 달려가면서 함께 공감하며 동행하는 것이 중요하다.

8. 나의 궁금함을 해결하는 것이 아니라 수업자의 고민에 머무릅니다.

그동안 공개수업을 보면 기술적으로든 방법적으로든, 수업을 참관한 사람이 배워가는 자리라는 인식이 컸다. 그렇기에 수업협의회에서 대화의 중심도 수업자보다는 배워가는 수업 참관자에게 맞춰져 수업을 보면서 궁금했던 부분을 질문한 후 수업자가 답변하는 식으로 진행되는 게 보통의 흐름이었다. 물론 처음에 수업자의 소감을 듣기는 한다. 하지만 그것이 수업자의 고민을 깊이 나눈다는 느낌보다는 수업을 마친 후의 단순한 느낌을 이야기하는 수준에 그치고, 또한 안타깝게도 이 발언이 수업자의 처음이자 마지막 발언이 되는 경우가 많았다.

수업협의회가 있을 때마다 "이야기 나눠보세요."하면 아무도 이야기를 안 하고 서로 눈치만 살피지만, 저는 그때마다 궁금한 것을 물어보는 역할을 도맡아 해봤지요. 그러다 문득 '내가 궁금한 것을 물어보는 게 아니라 그 선생님이 수업에 대해서 고민하셨던 점을 함께 나누는 게 진짜 제대로 된 나눔이지 않을까.'하는 생각이 들었어요. - Y중학교 B교사

그 수업에 대해서 가장 많이 고민한 사람을 꼽으라면 단연 수업자라고 할 수 있다. '수업자가 이번 수업을 어떤 의도로, 무슨 고민을 하고 준비했을까?', '여러 고민 속에서 실제 수업을 이렇게 했던 맥락과 배경은 무엇일까?' 등 수업자의 고민에 초점을 두고 수업나눔이 진행될 때 그 시간은 모두에게 진정성 있고 훨씬 깊은 배움의 시간이 된다. 그리고 이런 분위기의 수업나눔이라면 수업자가 수업을 준비할 때부터 가질 수 있는 부담감, 곧 '내 수업을 참관할 누군가에게 무엇인가 배워갈 걸 하나라도 잘 준비해야 해.' 하는 생각을 떨쳐낼 수 있다. 겉으로 화려하게 보이는 뭔가를 잔뜩 준비하려는 마음에서 벗어날 수 있는 것이다. 대신 비워진 그 부분을 자신의 진짜 고민이 무엇인지 성찰하면서 자신의 마음을 깊이 들여다보는 시간으로 채우게 된다. 그럼으로써 수업나눔의 전 과정이 수업자에게 깊은 성찰과 의미 있는 도움의 시간이 된다. 당장은 수업 참관자가 자신의 궁금함을 해결하는 것으로 여러 성장에 도움이 될 것 같지만, 평소 소외되었던 수업자의 고민이 중심이 될 때 오히려 더 큰 깨달음과 영감을 얻을 수 있다. 역설적이게도 수업자에게 의미 있는 시간이 될 때, 함께 하

는 수업친구들에게도 깊은 배움의 시간이 된다.

9. 개인의 역량강화를 넘어서 함께 실천하며 학교 문화를 바꿉니다.

빈도수로 따졌을 때 학교에서 교사로 살아가며 가장 많은 기쁨을 느끼고 또 자괴감을 느끼는 순간이 모두 수업과 관련되어 있다. 마음 같아서는 일상 수업에서 늘 기쁨을 누리고 싶지만, 현실에서는 '나는 왜 이 정도의 수업밖에 하지 못할까?' 하는 자괴감을 느낄 때도 많다. 이는 자연스러운 현상이라고 할 수 있다. 여기에서 중요한 것은 실제 학교 안에서 이런 현상을 자연스럽게 받아들이고 서로의 감정들을 나누고 있느냐 하는 것이다.

저희는 하나의 과목에 하나의 차시를 정해서 동학년 선생님들이 똑같은 수업을 같이 해봤어요. 수업을 같이 참관하고 고쳐가고, 보고 고쳐가고를 반복했어요. 그러면서 '마지막에 수업하는 선생님은 완벽한 수업을 할 수 있겠지?' 하고 생각했는데 마지막 수업을 참관해보니, 수업 상황과 아이들의 성향 때문에 계획처럼 완벽하지 않고 모든 반의 수업이 다 다르더라구요. 이때 완벽한 수업이라는 것은 없다는 걸 함께 느꼈어요. 그런데 좋았던 점은 이후 평상시 수업을 할 때도 동학년 선생님들이 모이면 계속 수업이야기를 하게 되었다는 사실이에요. - C초등학교 K교사

"혼자 가면 빨리 가지만, 같이 가면 멀리 간다"는 말처럼 고군분투하며 열심히 수업에 대해 연구하고 노력하는 것도 의미 있지만 장기적이고 지속 가능한 성장의 동력이 되려면 이러한 시도들이 모여 함께 가는 학교 문화가 만들어져야 한다. 물론 개인주의가 강해지는 시대적인 분위기와 늘어나는 업무 부담 속에 모이는 것 자체가 힘들 수 있다. 하지만 수업나눔에 참여하면서 깊은 성찰과 위로를 경험하게 될 때, 이 시간에 밀린 업무를 처리하거나 일찍 퇴근하는 것보다 이렇게 함께 하는 시간이 훨씬 더 힘이 되고 능률이 오르게 된다는 마음을 갖게 된다. 그 결과 행정적인 업무처리를 위해 교사들 간 대화가 자주 오고 가듯이 학생들과 가장 많이 만나는 시간인 '수업'을 주제로도 대화가 자주 이루어지고 학교 문화의 중심으로도 수업이 자리 잡을 수 있게 될 것이다.

10. 수업자의 문제를 해결해 주는 것이 아니라 나의 수업을 깊이 들여다 봅니다.

수업나눔은 궁극적으로 누구를 위한 것일까? 이에 대해 수업나눔의 주인공이라 할 수 있는 수업자뿐만 아니라 동시에 수업나눔에 참여하는 수업친구를 위한 것이고 더 나아가 수업에 함께 하는 모든 학생을 위한 것이라고 말할 수 있다. 본질적으로는 서로 연결되어 있기 때문이다.

어느 때부터인가 다른 이의 수업을 참관하면서 수업자를 존재로 바라보며 몰입하다 보면 그 안에서 내 모습을 같이 들여다 보게 되었다. 이것은 같은 과목이나 학년, 학교를 넘어서도 마찬가지다. 국어 교사가 수학 수업이나 체육 수업을 볼 때도, 초등학교 교사가 중학교나 고등학교 수업을 볼 때도 같은 교사라는 정체성과 수업이라는 본질 속에 하나 되면서 자신의 수업을 깊이 성찰하게 되는 경험을 갖는 것이다.

'나는 저 상황에서 어떻게 했었지?', '나는 배움으로부터 도주하는 저런 아이들을 눈치챘었나?', '나는 지금 교과의 내용을 어떻게 먼저 성찰하고 있지?', '오늘 나는 어떻게 아이들을 대했었더라.' 등 수업나눔을 하다보면 전문직업의 특성상 자연스럽게 다른 이의 수업을 통해 나의 수업을 돌아보게 된다.

물론 이것이 스토리로 흘러서 자신의 사례를 나누며 수업자를 가르치려 한다면 성찰적 흐름이 끊어지고 지적하는 느낌이 들 수 있기 때문에 주의해야 한다. 하지만 수업나눔에 참여하며 나 자신을 깊이 들여다보는 순간을 수업자의 문제를 해결해 주기 위해 급하게 소비하지 않고, 침묵 속에 머물면서 계속 성찰적 대화를 이어간다면 나의 더 깊은 욕구와 본질을 깨닫게 될 것이다.

제 스스로 수업을 성찰하고 글로도 써보려고 했지만, 생각보다 쉽지 않았어요. 내가 못했던 부분을 다시 떠올리려니 아프기도 하고, 관계가 어려운 학생과의 문제를 회피하고 싶은 마음도 들었어요. 그런데 수업친구 선생님의 수업을 보고 나누면서 저도 다시 해봐야겠단 생각이 들어요. - D고등학교 C교사

역설적이지만 수업자를 돕기 위한 마음으로 함께 한 수업나눔에서 자신의 고민을 같이 느끼게 되고 이를 같이 나누며 다시 수업의 길을, 교사의 길을 걸어갈 힘을 모두가 얻게 된다. 수업자의 내면을 세워주기 위해 함께 했는데 이것이 나와 우리 공동체의 내면도 함께 세워지는 계기가 되고, 동전의 양면처럼 함께 가며 그렇게 수업나눔의 열매가 맺혀지게 되는 것이다.

수업나눔 관련 양식 모음

[수업나눔 전 성찰지]

성명		경력	과목
학교		수업 학년/ 반	
수업나눔안내자		수업 공개 날짜·교시	

1. 간략한 수업흐름은? (개요)

학습 목표		
수업 흐름	단계별 지도내용	자료 및 유의점

	단계별 지도내용	자료 및 유의점
수업 흐름		

2. 수업에 대한 고민은?

1) 이번 수업에서 어떤 의도를 가지고 가르치려고 합니까?

2) 수업과 관련해 평소에 고민했던 부분은 무엇인가요?

3) 최근 수업을 하면서 가장 많이 했던 생각은 무엇인가요?

4) 이번 수업나눔을 통해서 해결되었으면 하는 부분은 무엇인가요?

3. 교실상황은?

1) 이번에 수업하는 학급에 대해서 알려 주세요. 주의 깊게 봐주었으면 하는 학생이 있으면 소개해 주셔도 됩니다.

2) 자리배치표

4. 활동지

[수업나눔 후 성찰지]

성명	경력	과목
학교	수업 학년/ 반	
수업나눔안내자	수업 공개 날짜·교시	

1. 수업나눔을 하면서 의미 있었던 지점은 어느 부분이었나요?

2. 수업나눔을 한 후의 소감에 대해 말해 주세요.

3. 이번 수업나눔을 통해서 새롭게 성찰한 것은 무엇이며 다음 수업에 도전
   하고 싶은 것은 무엇인가요?

수업보기 기록지

□ 수업자 :

□ 수업친구:

시간	수업장면	자기 생각과 느낌	성찰적 질문
예) 5분10초	(영상을 보여 준 후 학생에게 질문하는 장면) 교사: 이것에 해당되는 나라는 뭐죠? 학생: 영국이요. 교사: 영국이 ~~~하고 ~~~~~해서 답이라고 　　　생각한다는 말이지? 학생: 네 교사: 너무 잘했어요. 박수 쳐주세요.	• 영상 자료를 본 후 학 　생들은 어떤 느낌을 　받았을까? • 선생님이 학생의 짧 　은 답에 담긴 의미를 　깊이 있게 드러내준 　느낌을 받음.	• 이 상황에서 　선생님은 학 　생의 발표에 　대해 어떻게 　생각하셨을 　까?

수업나눔 참여지

( )학교 제( )학년 ( )반		수업자		수업친구	
교과		주제		일시	

단계	대상	수업나눔의 시선	수업나눔 기록 및 자기 생각 쓰기
이해 수업자의 시선 갖기	수업자 에게	• 수업자의 철학과 신념은 무엇인가요? • 수업자가 의도한 수업목표는 무엇인가요? • 수업자와 학생들과의 관계는 어떤가요? • 수업자가 수업나눔을 통해 해결하고 싶은 것이 무엇인가요?	
	나에게	* 수업자의 시선이 아닌 나의 시선으로만 수업을 이해하려고 하지 않았는지요?	
격려 수업의 의미 찾기	수업자 에게	• 수업자가 가르치려는 의도가 어디서 잘 드러났나요? • 이 수업에서 가장 의미 있다고 생각하는 장면은 어디인가요? • 수업에서 학생들의 배움이 크게 일어난 장면은 어디인가요?	
	나에게	* 수업자의 시선이 아닌 나의 시선에서 수업자에게 형식적인 칭찬을 한 적이 없었는지요?	

단계	대상	수업나눔의 시선	수업나눔 기록 및 자기 생각 쓰기
직면 수업자의 고민에 머무르기	수업자 에게	• 수업자의 의도와 다르게 흘러간 수업장면은 혹시 있으신가요? • 수업에서 학생들과 관계 맺기가 힘들거나 어려운 점은 없었나요? • 이 수업에서 수업자가 미처 알아차리지 못했지만, 수업자가 내면적으로 힘들고 어려워했던 지점은 어디인가요?	
	나에게	* 수업자의 고민을 깊게 듣지 않고 나의 시선으로 수업자의 수업에 대해 처방하려고 하지 않았는지요?	
도전 함께 깨달음 나누기	수업자 에게	• 수업을 나누면서 의미 있게 다가왔거나 새롭게 깨닫게 된 것은 무엇인가요? • 다음에 수업할 때, 어떻게 하고 싶으세요?	
	나에게	* 수업자의 이야기를 들으며 나의 수업을 성찰한 지점은 어디인가요?	

수업나눔 안내자를 위한 길잡이 [16)]

이해		성찰을 위한 수업나눔 안내자의 질문 예시
수업자의 시선 갖기	수업자	• 수업을 마치고 난 후, 지금 어떤 느낌인가요? • 수업하시기 전 어떤 고민을 하셨나요? • 이 수업에서 아이들에게 주고 싶은 배움은 무엇이었나요? • 수업에서 의도하신 수업목표는 무엇인가요? • 수업하시기 전에 특별히 관심이 가는 아이들이 있으셨나요? • 수업을 하신 반 학생들과의 관계는 어떤가요? • 교과에 대한 선생님의 신념은 무엇인가요? • 수업나눔을 통해 해결하고 싶은 것은 무엇인가요?

	수업친구	• (수업자의 이야기를 들으면서) 수업자를 이해하기 위해서 더 궁금한 것이
		  있으신가요?
		• 수업자의 이야기를 들으면서 수업자의 관점에서 충분히 수업이 이해 되
		  셨나요?

❖ 이 단계에서는 수업에 대한 나의 틀을 내려놓고 수업자의 시선에서 수업을 보려고 노력합니다. 먼저, 안내자는 수업자가 제출한 수업자의 의도와 고민을 적은 수업나눔 전 성찰지를 읽습니다. 그리고 안내자는 수업자에게 수업자의 수업을 이해하기 위한 충분한 성찰적 질문을 합니다. 수업자의 이야기를 들으면서 수업 속에서 교사가 가졌던 감정과 생각을 읽어주고 공감합니다. 안내자와 수업친구는 수업을 보면서 생각했던 지점과 연결되는 지점이 있는지 찾아봅니다. 수업 안내자와 수업친구는 성찰 질문을 통해서 수업자의 시선을 이해하려고 노력합니다.

격려		성찰을 위한 수업나눔 안내자의 질문 예시
수업의 의미 찾기	수업친구	• 수업친구는 수업자의 가르치려고 하는 의도가 어디서 잘 드러났는지 찾아봐 주세요. • 이 수업에서 가장 의미 있다고 생각하는 장면을 찾아봐 주세요. • 수업에서 학생들의 배움이 일어난 구체적은 장면은 어디인가요?
	수업자	(수업친구의 이야기를 들은 후) • 수업친구의 이야기 중에서 선생님의 마음을 가장 잘 비춰주는 이야기는 무엇인가요? • 수업친구의 이야기 중에서 가장 마음에 와 닿는 이야기는 무엇인가요? • 수업친구가 선생님에 대한 수업의 의미를 찾아주었는데, 이 이야기를 들으면서 선생님의 마음은 지금 어떤가요?

❖ 이 단계에서는 수업자의 수업에 꽃을 달아줍니다. 수업자의 시선에 머무르면서 수업에서 의미 있는 지점을 수업자와 함께 찾아봅니다. 이때 안내자는 수업자보다 수업친구들의 이야기를 들어보는 것이 좋습니다. 수업자는 자신의 수업을 공개하고 난 후, 심리적으로 위축되어 있어서 수업친구의 격려와 지지를 받으면 자신의 고민을 표현할 용기가 생깁니다. 하지만 이때 수업친구는 형식적인 칭찬이 되지 않도록 해주십시오. 과정과 노력에 집중하면서 수업자의 시선으로 바라보며 격려하고 지지해 주세요. 그리고 수업친구는 수업의 구체적인 장면을 이야기하면서 그 속에서 수업자가 노력했던 지점 등을 이야기해 줍니다.

직면	성찰을 위한 수업나눔 안내자의 질문 예시
수업자의 고민에 머무르기	**수업자** • 이 수업에서 가장 아쉬웠던 지점은 어디인가요? • 선생님의 의도와 다르게 흘러갔던 수업 장면이 혹시 있으신가요? • 수업에서 학생들과 관계 맺기가 힘들거나 어려운 점은 없었나요? • 수업 내용을 전달하면서 아쉬웠던 것은 무엇인가요? • 수업을 진행함에 있어서 아쉬웠던 것은 언제인가요? (수업친구의 이야기를 들은 후) • 수업친구가 내면적으로 힘들었던 지점을 찾아주셨는데, 선생님은 이때 어떤 마음이었나요? --- **수업친구** • 수업자의 고민을 들으면서 어떤 마음이 드셨나요? • 수업자의 고민 속에서 나의 고민과 일치하는 지점은 없었나요? • 혹시 오늘 수업에서 수업자가 미처 알아차리지 못했지만, 수업자가 내면적으로 힘들고 어려워했던 지점은 어디라고 생각하나요?

❖ 이 단계에서는 수업자의 고민을 잘 듣고 직면하도록 도와줍니다. 고민을 들으면서 처방을 바로 내리려 하지 말고, 수업자의 고민에 충분히 머물러 줍니다. 혹시 수업자가 알아차리지 못했던 지점이 있다면, 수업 장면을 구체적으로 제시합니다. 그 후 질문을 통해 수업자가 그 상황을 이야기하면서, 스스로 직면하도록 도와줍니다. 이때 수업자가 자신의 고민을 솔직히 이야기할 수 있는 정서적인 안전지대를 만들어 놓는 것이 중요합니다.

도전		성찰을 위한 수업나눔 안내자의 질문 예시
함께 깨달음 나누기	수업자	• 수업을 나누면서 의미 있게 다가왔거나 새롭게 깨닫게 된 것은 무엇인가요? • 수업 속에서 고민은 어느 정도 해결이 되었나요? • 다시 이 수업을 한다면 변화하고 싶은 부분이 있나요? • 다음에 수업할 때, 도전하고 싶은 것이 있나요?
	수업친구	• 수업나눔을 하면서 느낀 점은 무엇인가요? • 수업나눔을 하면서 성찰된 부분이 있다면 말씀해 주세요.

❖ 이 단계에서는 수업자와 안내자, 수업친구가 수업나눔을 하면서 얻은 깨달음을 나눕니다. 이 깨달음을 공유하면서 각자 성찰된 지점을 함께 나눕니다.

미주

1장

1) 2014년 11월 21일~26일 실시하였고 550명의 교사가 설문에 참여하였다. 전체적인 설문결과는 http://me2.do/FUDe9wm5으로 접속하면 확인할 수 있다.

2장

2) 수업혁신운동을 새로운 수업하기(doing) 운동과 새로운 수업보기(seeing) 운동으로 나눌 수 있다. 새로운 수업하기 운동은 거꾸로교실, 하브루타, 프로젝트수업, 협동학습 등 학생 참여형 수업을 지향하는 최근의 수업방법론의 변화운동이다. 수업나눔은 수업보기 운동에 해당하기 때문에 이 부분만 다루기로 한다.

3) 수업비평, 배움의 공동체, 아이 눈으로 수업보기 절차와 강조점, 의미와 한계를 자세히 알고 싶으신 분은 김효수 부소장이 쓴 월간 좋은교사 2015년 5, 6, 7월호를 참고하길 바란다.

4) '수업친구'는 좋은교사 수업코칭연구소 김태현 부소장의 책 「교사, 수업에서 나를 만나다」에서 최초로 제안한 용어이다. 이후 수업짝꿍, 수업짝 등으로 변형되어 사용되고 있다. 수업친구 중에 좀 더 체계적인 훈련을 받은 사람이 '수업코치'이다. 하지만 수업코치도 결국은 수업친구라 할 수 있다. (수업코치⊂수업친구)

5) 수업친구와 마찬가지로 '수업나눔'도 김태현의 책 「교사, 수업에서 나를 만나다」에서 최초로 제안한 용어이다. 이후 수업코칭연구소는 수업자의 수업성찰을 초점

으로 한 새로운 수업협의회 모델을 '수업나눔'이라고 명명하며 수업나눔 운동을
펼치고 있다. 최근에 '수업나눔' 이라는 용어가 보편화되면서. 수업공개 후에 수업
협의회를 통칭하는 개념으로도 쓰이고 있고, 수업 사례, 노하우를 소개하는 의미
로도 쓰이고 있는 등 혼재하여 사용하고 있다.

3장

6) 수업나눔을 진행하는 사람을 '수업코치'라고 할 수도 있지만 '수업코치'라는 용어
    가 학교현장에 동료교사들이 쓰기에는 부담스럽기에 다른 용어를 생각하던 중에
    '수업나눔 안내자'라고 명명하였다. 수업나눔 사회자, 진행자라고 하기에는 수업
    나눔의 흐름을 알고 어느 정도 대화의 과정을 이끌어가야 하는 측면에서 수업나
    눔 안내자라고 한 것이다. 이 용어는 수업코치의 역할이 수업나눔을 '주도'하는 것
    이 아니라 '안내'하는 것이고 수업코치로서 느껴야 할 부담 보다는 안내하는 기쁨
    을 인식하게 하려고 만든 용어다.

7) 수업나눔 프로세스는 수업코칭연구소 김효수 부소장이 월간 좋은교사 2015년
    12월호, 2016년 1, 2, 3월호에 연재한 내용이다. 이 프로세스는 김효수 선생님이
    2년간 수업코칭연구소 상근자로 일하면서 학교에 들어가 100여 명의 교사들을
    만나 수업코칭을 한 경험을 바탕으로 비슷한 경험을 가진 수업코칭연구소 선생님
    들과 함께 논의의 과정을 거쳐 정리한 것임을 밝힌다.

8) 수업친구 만들기 운동에 관한 자세한 내용은 김태현 부소장이 쓴 「교사, 수업에서
    나를 만나다」를 참고하기 바란다.

9)   수업코칭연구소에서는 2016~2018년까지 수업나눔 실천학교를 해마다 선정하여 단위학교 수업나눔 운동을 하고 있지만, 본 책은 2016년 수업나눔 실천학교에 들어간 경험과 자료를 바탕으로 정리한 내용임을 밝혀둔다.

4장

10)   이 데이터는 수업나눔 실천학교 7개 학교 226명의 교사를 대상으로 실시한 수업나눔에 대한 설문 내용 중 만족도와 필요도 설문응답에서 매우 만족(매우 필요)을 5점으로, 전혀 만족하지 못함(전혀 필요 없음)을 1점으로 처리하여 5점 만점으로 계산한 전체 평균값을 나타낸 것이다.

5장

11)   마이클 앤드루 포드, 「상처 입은 예언자 헨리 나우웬」, 포이에마, p.125에서 발췌. 마이클 앤드류 포드(Michael Andrew Ford)는 언론인이자 방송인으로 뉴스 프로듀서로 BBC에 입사하기 전 브리스톨 대학교에서 신학을 공부했다.

12)   대전 행복한 수업코칭연구회 이정우 선생님 제공

13)   이혁규 교수의 글 「수업전문성의 새로운 이해」에서 인용

부록

14) 대전지역 수업코칭연구소 지역연구회에서 수업자가 수업나눔 후 작성한 '수업나눔 후 성찰지'에서 발췌

15) Jane Tomkins, 「Pedagogy of the Distressed」 College English, 1991, 52(6). / 파커 팔머, 「가르칠 수 있는 용기」 P. 57

16) 수업나눔 안내자를 위한 참고자료로 제시한다. 수업나눔 안내자를 돕기 위한 자료일 뿐 매뉴얼처럼 이렇게 진행해야 한다는 것은 아니다. 이 책에 나온 자료를 사용할 때는 좋은교사 수업코칭연구소 출처를 밝혀 주길 바란다.

참고문헌 및 인용목록

· 김태현(2012). 교사, 수업에서 나를 만나다. 서울: 좋은교사.

· 김태현(2016). 교사, 삶에서 나를 만나다: 서울:에듀니티.

· 김효수(2014). 새로운 수업협의회를 제안한다. 좋은교사 수업컨퍼런스 자료집.

· 김효수(2016). 수업코칭을 통한 학교 문화 변화 사례 연구-S중학교를 중심으로.
  학교와 수업연구, 1(1).

· 김효수 외(2016). 수업나눔을 통한 단위학교 수업협의 문화 변화. 좋은교사 X프로
  젝트 발표집.

· 김효수, 진용성(2017). 수업나눔을 적용한 단위학교 수업협의 사례 연구. 한국교원
  교육연구, 34(3).

· 신을진(2015). 교사의 성장을 돕는 수업코칭. 서울: 에듀니티.

· 이규철(2016). 수업코칭, 수업친구와 수업나눔. 맘에드림.

· 이혁규(2013). 한국의 수업문화와 수업비평. 한국사회과수업학회 학술대회지.

· 한대동(2008). 수업과 교사협의회를 중심으로 한 학교혁신 사례연구. 비교교육연
  구, 18(1).

· 함영기 (2010). 수업전문성의 재개념화를 위한 실천적 탐색. 한국학술정보(주).

· 그림

고갱, Where Do We Come From? What Are We? Where Are We Going?

https://www.mfa.org/collections/object/download/49944 보스턴미술관

· 시(詩)

문태준. 한 호흡. 창작과 비평사

박노해. 굽이 돌아가는 길. 느린걸음

함민복. 눈물은 왜 짠가. 책이 있는 풍경

저자들의 못다 한 이야기

자료를 정리하고 원고를 쓰기 시작한 지 1년 6개월이라는 긴 시간이 흘렀고, 이제는 그 힘겨웠던 작업의 마무리 단계에 들어섰다. 2018년 6월 여름의 문턱에서 다섯 명의 저자들이 한자리에 모여 우리가 경험한 수업나눔과 집필에 대한 이야기를 함께 나누었다.

참석자 : 김선경, 김은남, 김효수, 박윤환, 손현탁

Q. 책을 탈고한 후의 소감은 어떠신가요?

김효수 책이 나올까? 나오겠지요? (웃음)

김선경 처음엔 왜 내가 이걸 써야 하는지, 내가 써야 하는 사람이 맞는지, 내 경험을 잘 전달할 수 있을지 걱정스러웠던 게 사실이에요. 1년 반이라는 오랜 시간 동안 제 머릿속에서 늘 떠나지 않던 작업이었기 때문에 책이 출간되면 뿌듯한 마음도 있겠지만 정말 하고자 하는 이야기가 잘 담겼을지 걱정스러운 마음도 들어요.

김효수   저도 비슷한데 주변 분들이 꼭 필요한 책이라고 권유를 해주셔서 원고작업을 시작하게 되었어요. 요즘 수업 관련 문서에 '수업나눔'이라는 용어가 안 들어간 교육청이 없을 정도로 수업나눔이 많이 회자되고 알려졌더라고요. 그래서 개념을 잡아주는 것만으로도 의미가 있겠다 싶은 마음이었어요.

김은남   저는 대학원 논문 썼을 때가 생각나요. 2년 넘게 고민을 했었거든요. 게다가 우리 책은 공동작업이다 보니 어려운 점이 있었던 것이 사실이에요. 하지만 주제 자체가 '수업나눔과 공동체'이기 때문에 협업하는 과정이 더 의미가 있었다는 생각이 들어요. 몇 년 동안 학교 현장을 돌아다니면서 경험했던 우리의 진심이 담겨 있고, 이 책의 독자들 또한 그런 진심을 느낄 수 있었으면 좋겠습니다.

박윤환   저는 책을 쓰는 것이 논문이나 보고서 쓰는 것과는 정말 다르구나 하는 걸 느꼈어요. 이 원고들을 쓰고 읽고 정리하는 과정을 거치면서 그 당시의 대화나 느낌들을 생생하게 복기하며 정리할 수 있었고, 이제는 선생님들을 만나서 더 잘 도울 수 있겠다는 마음이 생기더라고요. 그리고 무엇보다 연수를 통해 만난 선생님들께 추천할만한 책이 생겼다는 사실이 참 고맙고 덜 미안한 마음이 들었어요.

손현탁   저는 공동작업이었기 때문에 우리 책이 탄생할 수 있었다
        고 확신합니다. 실제로 제가 쓴 분량은 되게 적은 부분이지
        만, 수업나눔으로 공동체가 세워지듯이 책을 집필하는 과
        정이 저자 공동체로 세워지는 효과를 낸 것 같습니다. 워크
        숍 갔을 때나 퇴근하고 저녁에 만나서 책 얘기하기에도 바
        빴지만 맛있는 음식을 먹으면서 어떻게 지냈는지 잠깐잠깐
        안부 나누는 시간이 참 좋았어요.

**Q. 이 책에 대해 어떤 기대가 있으신가요? 어떤 분들에게 추천하고
싶은지, 어떤 의미가 전달되었으면 좋을지 등등 저자분들의 생
각을 들어보고 싶군요.**

김효수   글쎄요…… 단순히 다양한 수업 사례를 나누는 걸 수업나눔
        이라고 많이 규정하고 있는데, 우리는 수업을 공개하고 수
        업을 나누는 방식에 대한 고민을 바탕으로 기존의 수업협
        의회와 다른 새로운 수업협의회를 수업나눔이라고 명명을
        했습니다. 이런 새로운 방식의 수업나눔에 실제적인 도움
        을 제공할 수 있는 책이길 기대합니다. 그래서 학습공동체
        리더, 연구부장 같은 분들 혹은 학습공동체에 속해 있는 교
        사들에게 권해 드리고 싶어요. 장학이든, 컨설팅이든, 학교
        자체 학습공동체든 다양한 방식으로 수업을 공개하고 나누
        게 되어 있는데 그런 분들이 우리 책을 참고해서 수업나눔

을 실천하거나 도움을 얻게 된다면 정말 좋겠지요.

박윤환   저는 교사로서 외로움을 느끼는 분들이 읽었으면 좋겠어요. 수업 안에서 나만 부족한 것 같고, 나만 아이들 때문에 힘들어하는 것 같은 분들이 우리 책을 통해 "아, 공동체를 이렇게 만날 수 있구나." 하는 희망을 얻게 되지 않을까 기대하고 있습니다.

김효수   오히려 "나는 왜 이런 공동체가 없지?" 하고 더 절망하진 않을까요?? (웃음)

김은남   "공동체가 필요하신 분은 수업코칭연구소로 연락해 주세요."라고 안내해야겠네요. (웃음)

박윤환   그리고 교직이 전문직이라는 생각을 하는 분들도 읽었으면 좋겠어요. 내가 교사로서 하는 일이 아이들을 만나고 헤어지고 각종 작업을 반복하는 단순한 성질의 것이 아니라, 수업하는 것에 대한 자부심이 있는 분들이 수업나눔을 통해서 깊이 있게 성찰하며 자부심을 느끼고 전문성을 쌓아갈 수 있다고 생각합니다.

김선경   요즘 교사학습공동체 활동이 활발하게 이뤄지고 있는데 우리 책이 교사학습공동체의 방향을 세울 때 구체적이고 현실적인 도움을 제공해 줄 수 있을 것이라 기대합니다.

김은남   저는 최대한 많이 뿌려졌으면 좋겠어요. 학교나 교육청을 많이 돌아다녔는데도 아직도 수업나눔에 대해 모르는 분들이 너무 많아요. 어느 교육청에 연수하러 갔는데 우리 연구소에서 활용하는 각종 양식지와 관련 문서를 교육청에서 받았지만 무슨 말인지 잘 몰라서 기존 방식대로 협의회를 하고 계신 분들을 만났어요. 연수하고 나니까 "이제 좀 이해가 된다. 해볼 수 있을 것 같다."는 이야기를 들었는데 우리 책이 많이 뿌려져서 수업나눔의 방식에 대해 잘 모르거나 어려워하는 분들에게 안내서 역할을 할 수 있다면 정말 좋겠어요.

손현탁   저는 독자들에게 좀 더 깊은 의미로 다가갔으면 하는 바람이 있어요. 교사로 살아가면서 때로 교육청이나 외부에서는 교사를 쉽게 바꾸려고 하고 때로는 나 자신도 그런 조바심이 생길 때가 있지만 '사람이 변한다는 게, 수업이 변한다는 게 이렇게 어려운 일이다.'라는 게 전달되었으면 좋겠어요. 수업나눔 10가지 약속 중 '수업의 빠른 변화가 아니라 꾸준한 성장이 목적입니다.' 라는 부분과 일맥상통하는데 사람의 변화는 그리 빠르지 않고 그런 느린 변화를 인정하고 받아들이는 것이 중요하다는 인식을 하게 되면 수업 시간에 학생들을 대하거나 다른 사람을 대하는 태도에서도 여유가 생길 것 같아요. 결국 인식과 태도가 바뀌면서 문화도 바뀌어 가고 이런 마음이 책으로 전달되기 바랍니다.

Q. 학교 안과 밖에서 수업나눔을 먼저 시도하고 주도했던 입장에서 선생님들이 경험하셨던 희로애락은 어떤 것이 있을까요?

김은남　교사다운 삶과 수업을 갈망하다 보니 우연한 기회에 수업나눔을 만나게 되었고 나는 너무 좋은데 다른 선생님들에게는 혹시 부담이나 압력으로 받아들여지지 않을까 조심스러웠어요. 실제로 연수를 나갔을 때도 배척당하는 느낌도 경험해 봤고 연수 중에 업무를 처리하거나 중간에 나가시는 분들을 보면서 회의감이 들기도 했어요. 그런데도 이 활동을 계속하게 된 동기는 수업나눔을 통해 위로받고 지지를 얻는 수많은 교사와 그분들의 피드백 덕분이었죠. 그 감격이 너무 뜨겁고 즐거웠어요.

김효수　저는 2012년 수업코칭연구소가 시작할 때부터 함께 했는데요. 학교 밖 공동체로 2~30명 정도가 신을진 교수님과 만나 수업과 삶에 대해 이해하고, 서로 위로하고, 지지해 주면서 실제로 수업이 변화되어가는 것을 느꼈는데 그 경험이

너무도 소중했어요. 그렇지만 수업나눔 운동을 진행하면
서 학교문화가 참 바뀌기 어렵다는 생각을 많이 하게 되었
어요. 막상 제가 소속되어 있던 학교에서도 수업나눔 확산
이 쉽지 않았거든요. 하지만 학교현장을 경험할수록 홀로
수업을 책임지고 각종 당위와 부담감과 책임감 속에서 마
냥 힘들어하는 선생님을 보면서 수업나눔이 필요하다는 절
실함은 더욱 커졌고, 유일한 대안까지는 아니더라도 훌륭
한 대안은 될 수 있다는 믿음, 그 믿음이 여기까지 오게 한
것 같아요. 지금도 여러 가지 고민이 있지만 수업나눔을 전
혀 접해 보지 못한 학교들도 많으니까 은남선생님 말씀대
로 최대한 많은 곳에 마구마구 뿌려졌으면 좋겠습니다.

박윤환   정말 마음에 드는 음식을 먹으면 기분이 좋아지고 주변에
그 맛집을 소개하고 싶은 마음이 드는 것처럼 수업나눔의
맛을 먼저 알게 된 교사로서 주변 선생님들께 소개하고 싶
은 마음이 간절해졌어요. 처음 수업나눔의 경험이 강렬하
고 짜릿했던 것은 아니었어요. 하지만 초라하고 꾀죄죄하
리라 생각했던 제 수업을 동료교사들에게 공개했을 때 제
수업의 의미 있는 장면들을 찾아 얘기해 줄 때 그 경험이 무
척 신선했고, 한 번의 수업나눔으로도 교사의 삶이 바뀔 수
도 있겠다는 신념을 갖게 되었어요. 그래서 제가 속한 교사
모임이나 학교에서 수업나눔을 꽃피워보려 했지만 진짜 쉽

지 않더라고요. 그럴 때마다 제가 역할을 제대로 못 한 것 같아 스스로 화가 나기도 했어요. 그리고 연수를 다닐 때는 기차를 타야 하는데 무거운 가방을 멘 채 기차 시간을 맞추기 위해 뛰어야 하고 수시로 장거리를 이동하는 것도 힘들 었어요. 더군다나 아직 어린 아기들을 돌봐야 하기 때문에 현실적인 어려움이 동반되어야 했지요. 어떤 때는 문득 '이게 수업나눔 안내자의 삶인가?' 하는 생각이 들기도 했어요.

김선경   저도 처음 수업나눔을 경험했을 때로 거슬러 올라가 보게 되네요. 수업나눔 안내자가 효수 선생님이었는데 그 덕분에 이 자리까지 오게 된 것 같아요. 수업뿐 아니라 삶까지도 깊이 나누었고, 그때의 경험이 참 좋았어요. 수업할 때 왜 긴장감과 두려움이 있었는지, 어떤 지점들이 불편했는지에 대해 수업친구들과 함께 나누었고 수업나눔 후에도 개인적인 깊은 성찰이 이어졌어요. 그래서 내가 경험한 만큼 같이 나누고, 또 주변 선생님과 복작복작 모임을 이어가게 되었고, 그러면서 시너지가 더 생겼어요. 연구년을 하면서 다양한 선생님들을 만날 기회들이 주어졌는데 모든 만남이 다 좋거나 의미 있진 않았지만, 의미와 필요를 피드백해주시는 선생님들을 만날 때마다 힘을 얻게 되었어요. 이제 복직을 해서 6학년 담임을 하는 입장에서 물리적인 시간 여유가 전혀 없더라고요. 당장 내일 수업 준비라든지 재구성이나 프로젝트 수업 준비를 하다 보면 늦은 시간까지 퇴근을 못할 때가 많이 있거든요. 그런 가운데서도 시간을 내서 수업나눔을 하고 공동체를 만들어 가시는 선생님들이 진짜 대단하시다는 생각이 들고 마음이 애잔해져요.

손현탁   저는 소수의 사람과 깊은 대화를 나누는 걸 좋아하는 성향이라 우리 연구소의 수업나눔이 참 잘 맞았어요. 사실 수업나눔을 접한 초기에는 나로 인해 대화가 잘 진행되면 그것으로 인해 기쁠 때가 있었어요. 하지만 다양한 선생님들과 수업나눔을 하게 되면서 그 선생님의 이야기, 그리고 그 이야기 속에 담겨 있는 마음이나 삶이 저에게 감동이었고, 큰 힘이 되었어요. 특히 저보다 더 선배이신 선생님들의 눈물어린 이야기들은 많은 위로와 격려가 되었어요. 때로는 한두 분의 이야기로 흐름이 끊어지고 수업자가 깊은 성찰로 들어가지 못해서 답답하고 아쉬울 때도 있었지만, 수업나눔을 여러 번 경험하고 다양한 선생님들의 상황에 대해 알아가면서 그런 부분도 이해하게 되었습니다. 부디 수업에 대해 성찰하고 이야기를 나눌 수 있는 구조와 환경이 갖춰지면 좋겠다는 바람입니다.

Q. 성찰중심 수업나눔을 진행하며 겪었던 어려움이나 고민 또는 기대하는 부분은 어떤 것이 있을까요?

김선경   수업나눔 연수를 하러 가면 학교마다 많은 온도차를 느끼게 되요. 연수하기 전에 담당 선생님께 학교 수업나눔 분위기를 먼저 묻고 연수 방향을 정할 때도 많았고요. 유독 수업공개, 수업나눔에 대한 이야기는 선생님들이 부담스러워하시는 경향이 있어요. 저도 교사니까 그 마음이 너무 잘 이해가 되지요. (웃음) 일회성 수업나눔 연수는 시간도 충분하지 않고 의미전달을 다 하고 오기 쉽지 않을 때가 있어서 무척 아쉽더라구요. 특히 우리가 하는 성찰중심, 교사 내면을 다루는 수업나눔은 프로세스 그 하나하나 의미가 중요하잖아요. 그래서 어렵게 느끼기도 하시고요.(웃음) 수업나눔을 하다 보면 1~2시간 하게 되는데 분주한 학교생활에서 온전히 수업나눔에 집중하기가 무척 힘들잖아요. 수업나눔하다가 학생 생활지도 하러가고 업무로 왔다갔다 하는 경우가 많으니까요. 선생님들이 용기내서 수업공개를 하셨는데 선생님을 존재로 만나는 수업나눔에 온전히 집중할 수 있는 환경이 좀 더 조성되면 좋겠어요. 학교마다 사정은 다르겠지만요.

김은남   연수를 가보면 굳은 표정으로 앉아계시거나 대화를 유도하면 나가버리는 등 소극적이거나 잘 참여하지 않는 분들이 계세요. 그런데 그런 분들이 수업나눔에서 수업자를 격려하고 지지하는 경험을 통해 표정이나 태도가 변화되는 것을 보면 정말 놀라지 않을 수 없지요. 또 수업을 볼 때 여전히 수업자를 향해 각종 평가와 판단이 떠오르고, 이 수업자를 어떻게 만나야 할지 막막하고 격려해 줄 것도 성찰할 부분도 안 떠오를 때가 있어요. 그런데 막상 가서 수업나눔을 진행하면서 수업자를 존재로 만나게 되면 정말 수업나눔은 대본 없는 예술이구나 하는 생각이 저절로 들어요. 수업 안에 수업자의 삶을 포함해 모든 것이 내포되어 있기 때문이죠. 수업나눔 안내자가 준비를 많이 하는 것보다 수업자의 반응이 어떤지, 그리고 같이 참여한 수업친구들의 피드백이 어떤지에 따라 굉장히 다양한 반응이 나올 수 있는데 그것이 조화를 이루면서 수업나눔에 참석한 모두에게 신비하리만큼 예측 불가한 일들을 경험하게 돼요.

그와 반대로 고민이 되는 것은 지속가능성인데요. 어느 학교는 1년 동안 정기적으로 수업나눔을 진행해서 의미 있는 경험들이 많았는데 그다음 해에는 주축 선생님들의 전근으로 수업나눔이 잘 진행되지 않아 다시 연수를 신청하기도 했어요. 역시 학교문화는 일순간에 바뀌지 않는 것 같아요. 그렇다고 해서 우리가 뿌린 씨앗들이 사라지거나 헛되다고 생각지는 않아요. 시간이 오래 걸리고 더딜 뿐이지 해가 갈

수록 조금씩 분위기는 달라지고 있고, 변화는 일어나고 있으니까요.

손현탁 저는 아직도 이런 변화들이 소수의 헌신으로 시작되고 만들어지는 상황이 안타까워요. 확산 자체가 목표는 아니지만, 장기적이면서 안정적으로 진행되기 위해서 결국은 제도적, 정책적인 뒷받침이 필요하다고 봅니다. 헌신하는 사람들이 번 아웃되지 않도록 제도와 정책이 조금만 뒷받침을 해주면 좋겠습니다. 사실 수업나눔이나 각종 연수를 제대로 하려면 퇴근 시간이 1~2시간 늦어지는 것을 각오하고 모여야 하는데 선생님들에게는 그 부담감이 적지 않아요. 학교나 교육청 단위, 또는 교육부 차원에서 교육 과정이나 수업 시수를 조정해서 퇴근 시간 안에서도 충분한 수업나눔이 이뤄질 수 있도록 업무시간이 조정되면 좋겠다고 생각합니다. 교사들 입장에서는 수업, 생활교육, 학생과 학부모 상담, 교육과정 운영 등이 핵심 업무인데 아직도 이런 부분들에 집중하기 위한 여건이 안 갖춰져서 안타까워요. 교사들이 수업에 대해 더 깊고 다양하게 나누고, 충분히 성찰할 수 있는 문화, 수업과 생활 교육에 올인할 수 있는 근무 여건이 좀 더 갖춰진다면 보다 많은 분이 적은 부담을 갖고 이런 수업나눔을 경험할 수 있지 않을까 기대해요.

김효수　그래도 개인적으로 느끼기에 요즘 교육청 최고 관심사는 수업 개선인 것 같습니다. 그래서 정책적으로는 학습 공동체 예산 많이 내려보내고, 운영 현황을 파악하고, 수업나눔 축제 같은 행사를 많이 하라고 의무화시키는 등 나름대로 수업에 집중할 수 있는 시스템과 문화를 갖추어가려 하지만 아직은 갈 길이 멀어 보입니다. 수업나눔 측면에서는 다양하게 접근해야 한다고 생각하는데, 학교마다 맥락과 문화가 다르고 수업자의 상황도 많이 다르기 때문에 다양한 유형과 상황에 따른 수업나눔 흐름을 정리하고 이론화하는 작업이 진행되면 좋겠어요. 장기적으로 수업연구 측면에서 우리의 독특한 부분들이 잘 드러날 수 있도록 다양한 임상의 경험들이 정리되고, 정책적으로 수업에 더 집중하고 깊이 수업을 성찰하고 나눌 수 있는 시스템이 정착되기를 기대해요.

박윤환　저는 이미 1년에 2번씩 수업을 공개하고 있는 이 시스템을 잘 활용하면 좋겠다고 생각해요. 새로운 옵션을 추가하는 것은 힘들지만 있는 걸 리모델링 한다는 느낌으로 접근하면 부담감이 줄어들지 않을까요? 그리고 대전에서 수업코칭연구회 활동을 하면서 좋았던 부분은 수업나눔을 1년으로 마무리하는 것이 아니라 몇 년 동안 지속적으로 유지해 간다는 것이었어요. 이 부분이 굉장히 강력했죠. 수업나눔에서 얻은 성찰을 가지고 수업자가 어떻게 도전하고 살아가고 있는지 지속해서 나누는 것이 다음 스텝이 되면 좋겠습니다. 지속적이고 실제적인 피드백, 따뜻하고 안전한 피드백이 교사들에게 계속 주어지면 교사로 살아가는데 중요한 동력이 될 수 있을 거라 생각해요.

Q. 이 책의 독자들, 선생님들에게 드리고 싶은 이야기가 있다면?

김선경   부족해도 그러려니 이해해 주세요. (웃음) 수업나눔을 실제로 하기까지 뜸들이는 작업이 만만치 않은데 그것을 감내하는 선생님들의 수고로움은 정말 대단한 것 같아요. 수업준비, 생활지도, 학교행사, 업무로 하루가 어떻게 가는지 모르는 선생님들의 삶을 너무 잘 알기 때문에 시간 내서 수업나눔하자고 말하는 것이 쉽지 않지요. 이 책이 선생님들께 또 다른 부담을 주는 책이 아니였으면 하는 바램이지만(웃음) 평범한 선생님들의 나눔을 천천히 읽어보시면서 수업나눔에 대한 인식 변화와 수업나눔이 우리 학교 일상 속으로 들어오는 작은 돌파구가 되었으면 좋겠어요.

김은남   이 책을 또 다른 매뉴얼로 안 받아들였으면 좋겠어요. 하나의 안내서이면서 사례집인데, 각 학교나 학습공동체마다 그동안 해왔던 활동이나 경험들이 다 다르기 때문에 여기

있는 그대로 적용하시는 것보다 지금 현재 상황에서 이 책의 어떤 부분을 접목하면 좋을지를 생각해보고 충분히 의견을 나눈 다음에 각 학교나 학습공동체에 맞는 새로운 수업 공동체 모델, 수업나눔 모델을 만들어나갈 수 있기를 바랍니다.

김효수 　어쩌면 수업나눔이 사치라는 생각이 들기도 해요. 자기 삶도 바쁜데 한 사람을 오롯이 만난다는 게 얼마나 비효율적인가요. 게다가 이런 문화가 낯설기도 하죠. 사실은 분주하고, 경쟁에 익숙하고, 개인주의가 팽창해서 고립된 섬과 같은 학교잖아요. 그런데도 일단 한 번 도전해 보라고 말씀드리고 싶어요. 무언가를 얻기 위해서가 아니라 만나고 싶고 같이 어울려 놀던 진짜 친구 사이처럼 서로를 존재로 수용해보는 경험. 여윳돈도 많지 않고 여유시간도 많지 않지만, 시간과 돈을 들여 좋은 맛집을 방문하는 것처럼 시간과 마음을 들여 수업자를 만나는 본질적인 경험을 꼭 해보셨으면 좋겠습니다. 그래서 수업나눔이 또 다른 당위나 기술적인 측면이 아니라 간헐적이지만 사람을 진실하게 존재로 만나는 기회가 되기를 기대하고 그런 수업나눔에 매료되는 우리가 되었으면 좋겠습니다.

박윤환 　저도 비슷한 마음인데요, 스마트폰을 가지고 어떤 사람은

기가 막힌 영상을 촬영하고 편집하기도 하고 다양한 기능을 활용하는가 하면, 어떤 사람은 전화, 문자, 카톡만 하는 사람도 있잖아요. 이처럼 수업나눔의 참맛을, 밋밋한 것 같아도 질리지 않고 사골국물 같은 깊은 맛을 느껴보셨으면 좋겠습니다.

손현탁　일반적으로 내가 도움이 되는 얘기를 해줘야 의미 있는 일을 했다고 느끼는데, 일방적으로 얘기를 듣고 왔는데도 그 시간이 굉장히 의미 있고 좋을 수 있다는 경험들, 누군가를 위해 시간을 버리는 경험을 수업나눔을 통해 경험해 보셨으면 좋겠어요. 그리고 만일 그런 마음으로 이 책을 펴셨다면 선생님께 이런 응원의 말씀을 전하고 싶어요. "그런 선생님의 마음이 귀합니다. 선생님은 이미 시작하셨습니다. 그러니 조바심 내지 말고 천천히 함께 갑시다."

좋은교사 수업코칭연구소 소개

— since 2012

01 개요

2012년 수업으로 고통 받는 교사들의 눈물을 닦아주고, 수업을 다시 시작할 수 있는 내면의 힘을 주기 위해 만들어졌다. 교사들이 스스로 성장할 수 있는 공동체를 세우고 이 안에서 자신의 존재 가치를 발견하고, 자신의 능력을 스스로 개발하게 하기 위해 만들어졌다.

http://cafe.daum.net/happy-teaching

02 비전

- 수업으로 고통 받는 교사들의 아픔을 이해하고, 수업을 다시 시작할 수 있는 내면의 힘을 준다.
- 따뜻하고 진실한 수업나눔을 통해 스스로 위로받고 도전하게 한다.
- 학교 안에서 진실한 공동체를 만들어 교사들이 스스로 성장할 수 있는 문화를 만든다.

03 전략

- 삶을 깊게 성찰하며 나를 만나는 '내면 성찰', 자연과 예술작품을 통해 나를 찾고 삶을 풍요롭게 하는 '예술 감상' 훈련을 하며 나를 수용하고 이해하는 훈련을 합니다.

- 교사를 수업으로 자신의 의미를 찾는 '존재'로 수업을 교사의 생활이 투영되는 삶의 '흔적'으로 보면서, 수업자의 '수업 친구'가 되어 수업을 '존재'로 바라보며 '수업나눔'을 합니다.
- 학교내에서 '수업나눔'을 할 수 있는 동료성을 구축하고, 서로 안전지대가 되면서 진실한 '공동체'를 만드는 노력을 합니다.
- '수업나눔'을 통해 얻은 경험을 바탕으로 자신의 도전 과제를 찾고, 이를 공동체적으로 같이 '연구'하면서 전문성을 쌓기 위해 노력합니다.

04   역사

- 2011년 좋은교사에서 수업코칭센터를 만들고, 수업코칭센터장으로 김태현 선생님을 임명함.
- 2012년 1월 종로에서 이규철, 김태현, 김효수 세 사람이 모여 교사들의 내면을 세우기 위해 좋은교사 수업코칭연구소를 창설하기로 함. 2월에 좋은교사 회원을 중심으로 수업코칭연구가 1기 활동을 시작함.
- 2012년 이후 수업코칭연구소 연구가 과정 1기, 2기, 3기 운영.
- 수석교사 내면치유과정, TCF 활동가 과정, 수도권 활동가 과정, 충청 활동가 과정 운영.
- 2017년부터 지역연구회를 중심으로 좋은교사 수업코칭 활동가 과정 운영.

- 좋은교사 수업축제(2010년부터 8년째 실시), 2012년과 2013년은 전북교육청과 연합하여 전주교대 개최(250명), 2014년은 광주, 대전, 전주, 서울 개최, 2015년 광주와 대전에서 수업축제 개최, 2016년 광주에서 수업축제 개최, 2017년 광주, 대전 수업축제 개최, 2018년 광주 수업축제 개최
- 각종 단위학교와 교육연수원 강의 및 워크숍 실시, 의뢰 교사 수업코칭 실시
- 단행본 출간, 교원 원격연수 과정 오픈 등 활발한 활동으로 '수업 성찰', '수업 나눔', '수업 친구', '수업 코칭'이라는 용어를 본격적으로 사용하게 함. 수업혁신 운동의 중요한 흐름으로 자리 잡음.

05 조직

	지역연구회
1	수도권 수업코칭연구회
2	강원 수업코칭연구회
3	충남 수업코칭연구회
4	대전 수업코칭연구회
5	광주전남 수업코칭연구회
6	전북 수업코칭연구회
7	경상 수업코칭연구회
8	제주 수업코칭연구회
9	수업코칭연구소 본부

※ 수업코칭연구소 지역연구회에 참여하려면 1년 과정의 수업코칭연구소 활동가 과정을 수료해야 합니다. 홈페이지(http://cafe.daum.net/happy-teaching)에 매년 2월 수업코칭연구소 활동가 과정에 대한 공지를 합니다. 더 자세한 문의는 이메일 gtcoaching1@naver.com으로 해주세요.

활동 모습

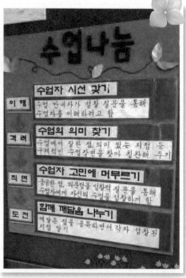